フェイスブック流
最強の上司

ジュリー・ズオ　今井仁子 訳

The Making of a Manager: What to Do
When Everyone Looks to You

マガジンハウス

はじめに

優れた上司は生まれるのではなく、「つくられる」

「あなたを管理職に引き上げようと思うのだけど」

そう言われた日のことは、今でもよく覚えています。

それは突然の出来事。

10人ほどが座れる会議室で、上司と斜めに向かい合って座っていました。

「幸いなことにうちのチームは今、成長しているところだから」と、上司。

「ほかにもう1人、管理職が必要なんだよね。あなたは誰とでもうまくやれるから適任だと思うんだけど、やってみない？」

私は「フェイスブック」という、スタートアップ企業で働く25歳。

「管理職」と聞いて真っ先に思い浮かんだのは「会議」と「昇進」という2つの言葉。

えっ、まさか。私が昇進？　若い私にはそれが壮大な冒険への入り口に思えました。

私は内心ドキドキしながらも「やりたいです」と答えました。

上司に言われたことについて冷静に考え出したのは、会議室を出てからでした。

「あなたは誰とでもうまくやれるから……」

でも管理職の仕事というのは、人間関係をつくるほかにも仕事はたくさんあるはず。それはいったい何だろう？　――まずは確かめなければと思いました。


はじめて〝部下〟と打ち合わせをした日のこともよく覚えています。

約束の時間に遅刻した私は、猛ダッシュしたにもかかわらず、会議室にたどり着いたのは予定時刻の5分過ぎ。

「ごめんなさい、やってしまった……」心の中でつぶやきました。

ここは先日の会議室。ガラス越しに彼が待っているのが見えました。携帯電話をじっと見つめています。

昨日までの私たちは同じチームで働くデザイナー同士。席を並べ、それぞれの仕事に励みながら、ときには意見を戦わせた仲間でした。

大丈夫、大丈夫。私は自分に言い聞かせました。きっといい話し合いができる。でも何を話せばいいいんだろう――。


会議室のドアを開けると、彼が顔を上げました。そのときの表情は、今でも忘れることができません。

「お疲れさま」

できるだけ普段どおりに、声が震えないように気をつけながら言いました。

「えーと……、それで今どんな仕事をしてるんでしたっけ？」

一瞬、彼の眉間にしわが寄ったのを見逃しませんでした。

私はといえば、顔から汗が噴き出すのが自分でもわかりました。耳の中で血管が脈打ち、ドクドクしています。

自分がデザイナーとして彼より優れているわけではないことは百も承知でした。彼より頭がいいわけでもないし、経験もない。

彼が快く思っていないことは、その表情から明らかです。

彼の心の声が、真っ黒なマジックでデカデカと書かれた文字のように、脳裏に浮かんできました。

「あなた、自分の立場、わかってるんですか?」

そのとおり。私はなにもわかっていませんでした。

「フェイスブック」で働きはじめた〝偶然のなりゆき〟

私の経歴を知る人は、私のような人間が「フェイスブック」のデザイン部門を仕切るようになるなんて、と思うようです。

上海《シャンハイ》の雑然とした街で生まれ育ち、湿気の多いアメリカのヒューストンに移住。『スター・ウォーズ』もマイケル・ジャクソンも『E.T.』も知らない移民の子でした。

子どものころに「シリコンバレー」という言葉から連想していたことは、山と山のあいだに「半導体チップ」という看板を掲げた工場が整然と並んでいる様子です。

デザイナーって？　と尋ねられれば「素敵な洋服をデザインする人」と答えたはずです。

それでも、子どものころから大好きだったことが２つあります。それは絵を描くことと、なにかをつくること。

中学生のときには、休み時間になるとノートに描いた落書きを親友と見せ合いっこしていましたし、高校に入るとＨＴＭＬにはまり、イラストを載せるウェブサイトをつくっていました。こうして描くこととつくることは私の大事な趣味でした。

春休みはもっぱら「フォトショップ」のオンライン講座に夢中になり、ついには「JavaScript（ジャバスクリプト）」で文字の色を反転させることも覚えました。

こういう趣味が高じて大学ではコンピュータサイエンスを専攻しようと決め、スタンフォード大学でアルゴリズムやデータベースの授業を履修しました。

いつかはＩＴ業界の老舗である「マイクロソフト」か、新進気鋭の「グーグル」で働きたい——当時、多くの卒業生がその２社に就職していたからです。

しかし大学２年生になると、あるサイトの出現に大学内がわき立ちます。

「ちょっと、すごいよね？」

廊下でも学食でも、学生たちはその話題に夢中でした。

「有機化学のクラスで見かける彼の写真も見られるし、同じ寮の子の好きなバンド名もわかってしまう。〝ウォール〟（訳注：個人の掲示板のようなもの）にこっそりメッセージを送ったりもできるんだよ」

私はそのサイトのとりこでした。「フェイスブック」のことです。「フェイスブック」はほかのどんなウェブサイトとも違っていました。オンラインを通じて学生同士がつながることで、まるで血が通ったかのように大学内が活気に満ちあふれました。

「フェイスブック」の創業者がハーバード大学の中退者と聞いてはいたものの、シリコンバレーのスタートアップについては大学で「ベンチャー起業論」の授業を受けてから、はじめて内情を知りました。

そこはハングリー精神の地。ケタ外れの野望をもった人々が、投資家という名の神さまから支援を受け、誰も切りひらいてこなかった将来を見すえている。

人生のどこかの時点で新しいことを始めるとしたら、今しかないのでは？

今の自分は若く、失うものはない。しかも毎日使っている大好きなサイトの仕事ができるとしたら？

私には半年前に「フェイスブック」で働きはじめた友人がいました。会うたびに会社の話をし、「見においでよ」と誘うのです。

はじめに

「とりあえずインターンとして働いてみたら？　どんな会社かわかるから」

気軽に面接を受けた私は、間もなく「フェイスブック」の技術系インターン1期生として、ウォールアートがひしめく本社のロビーに立つことになります。

当時2006年ごろの「フェイスブック」は、社員がこぞって裏庭でパーティーをしているような雰囲気でした。

「フェイスブック」の存在を知っているのは高校生と大学生だけ。そのころのSNS業界を牽引《けんいん》していたのは「Myspace（マイスペース）」で、1億5000万人ものユーザーを抱えていたから、それに比べたらちっぽけな存在です。

しかし、夢だけはとてつもなく大きく、いつか「Myspace」を超える存在になって、世界をつなぐんだ――口々にそう言いながらヘラヘラと笑っていました。あまりにも荒唐《こうとう》無稽《むけい》な夢に思えたからです。

インターンになって2カ月後、インターンから社員に登用されるきっかけがありました。私がフォトショップで落書きをしていることを知った同僚が、デザイナーとしてページをつくってみたらと勧めてくれたのです。

「へ～、サイトをデザインする仕事があるんですか？　私にやらせてください！」

なにしろ新しい会社ですから、どんな提案をしても誰もヘンだと思わないわけです。当時は誰もが「なんでも屋さん」でした。

特別な思い入れがあったというよりは、なりゆきで「デザイナー」という肩書を手に入れたのです。

誰も「新米上司」をかまってくれない

会議室での会話から3年たつと、わがデザインチームも入社当時の倍近くの人数になっていました。

驚異的な成長を遂げる会社で働いたことで変化には慣れていましたが、管理職としての役割がこれだけ大変だとは予想もしていませんでした。

そのひとつとして、プロダクトデザイナーを率いる管理職として、未知の責務を果たさなければならなくなったこと。

もうひとつ、人の上に立ち、チームのメンバーとともに働く環境をつくる責任は、ユーザーインターフェースを設計したりコードを書いたりするスキルとは別次元に思えたこと。

なにもかもが初体験で、いつまでたっても気が休まることはありませんでした。

たとえば、はじめて中途採用の面接を行ったときのこと。

当然、私は応募者より優位な立場にいるはず。質問をするのも会話の流れを決めるのも、採用するかどうかを決めるのも私。なのに私の手は45分間震えっぱなしでした。

くだらない質問だと思われたらどうしよう。

言っていることが上っ面に聞こえないだろうか。

うっかり変な話をして、チームのレベルが低いと思われないだろうか。


はじめて部下に「つらい報告」をした日のことも忘れられません。

チームの誰もが楽しみにしている、新規プロジェクトを始動したときのことです。

リーダーをやりたいと2人の部下が申し出てきたのですが、リーダーはあくまでも1人。どちらかを選ばなければなりません。

そもそも私の決断は正しいのだろうか。

リーダーから外れた部下のモチベーションをめちゃくちゃにしないだろうか。

もしかして「会社を辞める」なんて言われたらどうしようか……。

大勢の観衆の前で初めてプレゼンを行った日のことも、決して忘れることはできません。それは「F8」という年次開発者会議でした。

大規模なイベントでスピーチをしたことがない私にとっては一大事。会議までの数週間は、いよいよパニックです。同僚たちに手伝ってもらい、彼らの前で何度も練習をして、どうにかこうにか乗り切ったのを覚えています。

見えてきた「仕事の内実」

私がはじめて管理職に就任してから10年以上たった現在。わがチームの規模は桁違《けたちが》いに大きくふくらみました。われわれの仕事は、25億人を超えるユーザーがスマートフォンの上で青い「f」マークをタップする、その経験をデザインすることです。

ユーザーが自分の気持ちを伝えたり、友人たちの近況に触れたり、コメントをしたり、「いいね」をしたり、コミュニティをつくったりする、そうした経験をすみずみまで考えるのが私たちの仕事です。

いい仕事をすれば、世界のあらゆる場所に住む人々——ベルギーからケニア、インドからアルゼンチンまで――を、互いにぐっと近づけることができるでしょう。

10年前に新米上司だった私は、さまざまな助けを得ました。リーダーシップについての本（ケリー・パターソン他の『クルーシャル・カンバセーション――重要な対話のための説得術』〈パンローリング〉がおすすめ）からはじまり、何度も読み返した本（アンドリュー・S・グローブの『人を育て、成果を最大にするマネジメント』〈日経BP〉やデール・カーネギーの『人を動かす』〈創元社〉などが愛読書）やビジネス誌、それに新聞の記事。

でも、なによりも心強かったのは同僚たちの存在です。マーク・ザッカーバーグ（フェイスブック創業者）やシェリル・サンドバーグ（フェイスブックCOO）、そして昔の同僚や、現在一緒に働いている人々。彼らとともに働けることは幸運としか言いようがありません。

もうひとつ、独学のつもりで2014年に始めたブログは、私にとって大きな学びの場となりました。週に1回、頭の中でからまった考えを整理することは、ものごとをより深く理解する助けになると思いました。

しだいにブログの読者が増えたことで、「本を書いてみたら?」と幾度となく勧められたこともありましたが、最初は「ありえないこと」と笑い飛ばしていました。

まさか自分がね。

もちろん、すでに世の中にはCEOやリーダー養成の専門家が書いた本は山ほど出回っているし、大学の先生が書いた最新の組織研究や、景気の動向から導かれる経営の本も数えきれないほど存在します。

でもCEOや経営幹部などの組織のトップにいる人はほんのひと握り。たいていの管理職は小規模のチームを率いるところをはじめ、中間管理職としての悩みを抱えています。『フォーブス』や『フォーチュン』といった一流のビジネス誌に取り上げられる人なんてほとんどいない。とはいえ管理職は管理職、やることは一緒です。

教師や指導者、監督やコーチ、プランナーも管理職でしょう。みんな、共通の目標を達成するためにメンバーを手助けするのが仕事です。

そう考えたとき、「自分なら、なにか書けるかもしれない」と思ったのです。

たとえば突然部下を任されて窮地《きゅうち》におちいっている人、チームのメンバーをどうサポートすればいいかわからず悩んでいる人、急成長するチームを率いている人、あるいは単純に管理職という仕事について、改めて知っておきたい人。そうした人々に読んでもらえるのなら、書いてみようと思いました。

「優れた上司は生まれるのではなく、つくられる」

これは私がなによりも大切にしている言葉。

人の上に立つことの「意味」を理解してはじめて、「素晴らしい上司」に成長する「方法」を身につけることができると考えています。

そもそも、なぜマネジメントが必要なのか。

なぜ部下と1対1で向き合うことが重要なのか。

なぜ「B」より「A」を採用すべきなのか。

なぜ多くの管理職が同じ失敗でつまずくのか。

私が本書でご紹介するエピソードや見解には、IT系スタートアップ企業ならではのものもあるかもしれません。世の中には人の入れ替わりがほとんどない企業もあるでしょうし、会議にそれほど重きを置かない職場もあるでしょう。

とはいえ管理職の仕事のほとんどは普遍的です。**部下へのフィードバックや健全な企業文化をつくること、チームの方向性を考えること**――どれもこれも日々の作業で重要な位置を占めています。

私はデザイナーですが、本書はプロダクトデザインを教える目的で書いた本ではありませんし、「フェイスブック」という企業についてなんらかのサービスをアピールするつもりもありません。

あくまでも、「上司」という仕事について手探り状態で、恐怖と猜疑《さいぎ》心、そして「私はこの役割に向いていないのではないか？」という思いに苦しんでいた、「管理職1年生」の自分に読ませたかった本です。

その悩みは読者の皆さんにもかならず解決できるはず。

心の準備ができたら、さあ、始めましょう。

フェイスブック流　最強の上司　もくじ

はじめに　優れた上司は生まれるのではなく、「つくられる」 1

第1章

「上司の仕事」とは、いったい何か？

知っているようで知らないこと 24
管理職って、要するに何をする人ですか？ 27
「優れた上司」と「平均的な上司」 30
「3つのP」で成果を上げる 34
真っ先にクリアすべき条件 44
そもそも管理職に向いているのは誰か 45
「なりたい」だけでは務まらない 50
リーダーシップの本質 54

第2章

キャリアを左右する「最初の3カ月」

管理職の「4つのタイプ」 58
1 見習い型 59
2 開拓者型 66
3 新参入型 70
4 引き継ぎ型 77

第3章

すべては「小さなチーム」から

マネジメントは1日にして成らず 82
「やる気」と「やり方」 84

何が信頼をつくるのか 87
上司と部下の「いい関係」とは 92
部下の力を200%引き出す言葉 104
「時間」と「エネルギー」を割くべきこと 106
「優秀なオオカミ」を野放しにしてはいけない 109
「仲よしクラブ」の弊害 111
四角い穴に丸い釘は打てない 112
チームをバラバラにする「間違った優しさ」 114

第4章

フィードバックが「爆発的成長」をもたらす

「このミス、わざとやってるんですか?」 122
たったひと言が結果を左右する 124
効果が高いフィードバックの「土壌づくり」 132

改善されないときはどうするか――137
言いにくいことを伝えるテクニック――148
一生の財産になるもの――152

第5章

自分をマネジメントできる人だけが、達成できること

キャリアの「最大の転機」――156
誰もがおちいる「心理的なワナ」――158
弱点をなくすより、強みを生かす――160
力を発揮できるとき、できないとき――169
スランプの中で、自信をどう取り戻すか――173
リーダーのスキルの磨き方――182

第6章 会議を「飛躍と創造の場」に変える

「正直に申し上げて、時間のムダではないかと」 192
なぜ集まるのか――〝目的〟の見直し方 195
「誰を呼ぶか」がすべて 203
時間を浪費しないために 205
イノベーションが生まれる会議 208
こんな場合は出席しなくてもいい 213

第7章 「ビジョン」を描き、現実にする法

「インスタグラム」の誕生 216

「すべての鍋にチキンを」 218
「完璧な計画」よりも「完璧な実践」 234
短期的な成果、長期的な成果 237
本当は何を解決したいのか 240
成長のための「ポートフォリオ・アプローチ」 242
マーク・ザッカーバーグの決断 244
失敗から学ぶプロセス 246
「シンプルなマニュアル」をつくる 248

第8章 さらに「大きなチーム」を率いる

これまでのやり方が通用しない! 252
任せるか、引き受けるか 261
有能な社員の望み 264

「1on1」を情報提供の場にしない 266
上司が悩むとき 270
魚を与えるより「魚の捕り方」を教える 274

第9章

「世界一価値の高い社風」は、こうして生まれた

社員が集まる「風通しのいい文化」 280
どんなチームの一員になりたいか 282
シェリル・サンドバーグの対話術 285
部下は上司の〝ここ〟を見ている 288
「正しいインセンティブ」を与える 291
モチベーションを高める「小さな工夫」 296
おわりに　旅はまだ1%しか終わっていない 300

第 1 章

「上司の仕事」とは、いったい何か？

知っているようで知らないこと

2006年5月。「フェイスブック」で働き始めたころの私は、自分が何を知らないかもわかっていない、世間知らずの人間でした。

そのくせ自分のことを「これほど『フェイスブック』に最適な人材はいないだろう」と思っていました。

当時の「フェイスブック」の利用者は高校生と大学生だけ。つい最近まで大学院生だった自分くらい「フェイスブック」に詳しい人間はいないでしょう?

IT業界で成功したいというやる気だけは人一倍で、これといった悩みもなし。特定の思想や信条もなければ、人に話して聞かせるほどの不幸な経験もありません。大学の4年間はテストやレポート漬けの毎日で、徹夜でコードをつくることもしばしば。ちょっとやそっとではへこたれない自信はありました。

しかし仕事を始めると、すぐに自分の無知さ加減に気がつきました。

なにより危機意識を抱いたのは、自分には経験と呼べるようなものがまったくなかったこと。当時の私のチームは、他のスタートアップ企業と同様、仕事さえうまく運べばあとはおかまいなしといった雰囲気で、指揮系統すら定まっていませんでした。私が入社したときには管理職もおらず、1年ほどしてようやくシニアデザイナーの女性に役割があてられたくらい。それまではチームというよりは仲間として、足りない部分を補い合いながら仕事をこなしていました。

そして2年後、突如私が管理職に指名されたのです。当時を振り返って愕然《がくぜん》とするのは、あのころの自分が「管理（マネジメント）」というものをほとんど理解していなかったことです。世の中にはいい上司もいれば悪い上司もいるはずなのに。

きっと就職する前の私が「管理職の仕事とは？」と聞かれたら、こう答えたでしょう。

◎会議を開き、部下が問題を解決できるよう手助けする
◎フィードバックを行い、何がよくて何が悪かったか指摘する
◎誰を昇進させ、誰を解雇するか決める

それでは時間を早送りして3年後の私を見てみましょう。経験を積んで少しはかしこく

なったはずです。「管理職の仕事とは?」

○ すばらしい仕事ができる協力的なチームをつくる
○ メンバーが自身の目標を達成できるようサポートする
○ 業務が効率よく円滑に進むようプロセスづくりをする

ご覧のとおり私の回答は、会議やフィードバックといった基本的な業務から、チームづくりやキャリア支援など、長期的な目標へと視野が広がっています。成長の跡がうかがえますね。しかしこれらの答えは正しい回答とはいえません。

たしかに、優れた管理職はどちらの業務も見事にこなしていますが、なぜこれらの回答が正しくないかというと、単純に管理職の業務を羅列しているだけだからです。

たとえば私が「サッカー選手の仕事は?」と質問したら、あなたは「練習に参加すること」「ボールをパスすること」「ボールをゴールに入れて得点すること」と答えますか?

もちろん「ノー」ですよね。サッカー選手の仕事は「試合に勝つこと」です。練習や得点だけが、仕事の目的ではありません。

それでは管理職の仕事とは何でしょうか？　この質問に答えられないと、管理職としていい仕事はできません。

管理職って、要するに何をする人ですか？

あなたはレモネードの屋台を開店しようと決めました。

レモネードが大好きですし、いいビジネスになると思ったからです。

開店にあたり必要なものは見当がついています。まずはレモンに砂糖に水。リュックサックいっぱい仕入れてきたレモンを絞り、砂糖をたっぷり入れ、水を加えればレモネードのでき上がり。

折りたたみ式のテーブルと座り心地のいい椅子、ピッチャーやクーラー、コップも用意しました。

黒板にかわいい文字で「おいしいレモネード始めました」と書いて（安さもアピールしましょう）、人通りの多い交差点に置けば準備完了。のどが渇いていそうな通行人に声を掛けます。

こうした準備も1人なら気楽ですね。自分の手でレモンを絞り、自分の足でスタンドとキッチンの間を往復し、ピッチャーやクーラーを運ぶ。黒板に書いた文字が下手でも、自分が満足していれば問題ありません。

レモネードが甘すぎても酸っぱすぎても、それはあくまでも自分の責任。自分がやりたくないことをやる必要はありません。


ここでニュースが飛び込んできました。

あの世界の歌姫ビヨンセが『レモネード』という名前のアルバムを発売したことで、突如レモネードブームが巻き起こったというのです！　やった！

いつものように店をオープンするやいなや、客がわっと押し寄せ、昔懐かしい甘酸っぱい味を楽しみたいと大行列です。

これまでのように1人では客をさばくことができません。そこであなたは近所に住むボブとメアリーの助けを借りることにしました。2人を雇い、仕事の対価として彼らに給料を払うのです。


おめでとう！　管理職の誕生です。

実のところ、人を雇わなくても給料を払わなくても、あなたは管理職です。しかし「マネジメント」というものは、これまで自分ひとりでやっていた仕事を人に任せることですべてが変わってきます。

3人になって手も足も増えれば、これまで以上に多くのレモネードを売ることができますし、1人がレモネードをつくり、1人が会計を担当するというように、業務を分担することもできます。

勤務を交代制にすれば営業時間を延ばすこともできますし、店を2人に任せて、自分はもっと安い材料を探しに行くことも可能になります。

その一方で、すべての作業を自分の思いどおりに進めるのは難しくなります。

自分ひとりで物事を決めることはできませんし、うまくいかないことがあっても、その原因があなたではないこともしばしばです。メアリーが砂糖を入れ忘れれば、客に酸っぱいと怒られるでしょうし、ボブの愛想が悪ければ、客足が遠のくでしょう。

「人を雇ったんだから、妥協もやむをえない」と思ったあなた。でも本当にそうでしょうか？

屋台をオープンしたときの目的を思い出してください。

あなたはレモネードが大好きで、商売にしようと思った。

多くの人に喜んでもらいたいと思った。

メアリーとボブを雇えば、もっとうまくいくと思った――のでしょう？

それがマネジメントのもっとも重要な部分です。

1人で行っていたことを2人以上の人間が行うことで、より多くの利益を得ようとするのがマネジメントです。上司がすべて自分で仕事をこなす必要はないし、すべてのスキルに長《た》けていなくてもいい。知らないことがあってもいいのです。

そして管理職の仕事とは、**人々がともに働くことでよりよい成果が出るようにすること**です。この単純な定義を軸として、チームや組織は運営されています。

「優れた上司」と「平均的な上司」

以前の私は、管理職のよし悪しを決めるのは、次のようなことだと思っていました。

他者から高い評価を受けているか。

手ごわい問題を戦略的に解決できるか。

人をうならせるプレゼンができるか。

20件もの重要なタスクを1日で処理できるか。

カフェのレジに並んでいるあいだに、サッとメールをチェックし、返信できるか。

困難な状況を打開できるか。

契約をモノにできるか、などなど。


確かにどれもこれも素晴らしい資質ですが、優れた管理職かどうかを判断する試験に、これほど多くのチェックポイントは必要ありません。

人々が一緒に働くことでよりよい成果をもたらすのが仕事の目的なら、一定の成果を上げれば優秀な管理職です。

レモネード屋を成功させるのが目的なら、他の店を圧倒するような収益を上げれば優れているといえますし、逆に損失を出せば劣っているといえるのです。

教育現場なら、子どもの将来のためになる授業を行うのが優れたリーダーであり、子どもが生きる上で必要な知識や技量を教えないのは劣ったリーダーです。

デザイン業界なら、常に人々をあっと言わせるコンセプトをつくるのが優れた人です。

ごく平凡な上司は、コンセプトはつくれても人を引きつけるデザインをつくることはできません。

インテルの元ＣＥＯで伝説的なリーダーと呼ばれるアンディ・グローブは「人を評価する場合、あくまでも仕事の成果に着目し、プロセスは加算しない」と述べています。

確かに営業職の能力は受注数（成果）で判断され、営業活動の内容（プロセス）は問われません。

たとえ頭がよくて人望もあり、身を粉にして働いたとしても、チームが平凡な成果しか上げられないという評価なら、残念ながら「優れた上司」とはみなされません。

とはいえ、成果だけの判断が必ずしも正しいとはかぎりません。

たとえ優れた管理職でも、新規のチームを任されれば、立ち上げに時間がかかり当初は思うような結果が出ないことだってあります。

その一方、管理職自身がそれほど優秀でなくても、優秀なチームを引き継いだり、メンバーにプレッシャーをかけて夜通し働かせたりすれば、長期にわたって目覚ましい成果を上げることはあります。

しかし、いずれ時間がたてば真実は明らかになります。

部下を粗末にあつかい、彼らに敬意をもって接さない上司に、優秀な社員がいつまでもついていくはずがありません。一方で、**優秀な上司なら、権限を与えられさえすれば、たいていの業績は好転できるもの**です。

以前、「フェイスブック」最高製品責任者（CPO）のクリス・コックスに、管理職を評価する際の判断基準について尋ねたことがあります。彼はニヤッと笑ってから「僕のやり方はシンプルだよ」と言いました。彼によると、判断基準は大きく分けて2つ。

1 まずはチームの成果。利用価値が高くて精巧なデザインという目標をクリアしているか

2 もうひとつはチームの能力とメンバーの満足度。優秀な人材を採用しているか、個人の能力が引き出されているか、メンバーが協力して楽しく仕事をしているか

つまりひとつ目は現在のチームの成果に対する評価であり、もうひとつは将来の成長への評価です。

いい仕事をしているチームは長期にわたり成果を上げており、評判も高いもの。管理職

の仕事はあくまでもチームを助け成果を上げること。日々さまざまな業務に追われ、多岐にわたる要求に応えていても、忘れてはならないことです。

「3つのP」で成果を上げる

それでは優れた成果を上げるために、上司はどうやってチームのメンバーをサポートすればいいのでしょうか。

J・リチャード・ハックマンは、40年にわたってチームマネジメントの研究を重ねてきた、チーム研究の第一人者です。病院やオーケストラ、民間航空機のコックピットなど、チームワークが必要な現場でどのように仕事が行われているか分析した結果明らかになったのは、「チームワーク」というのは見かけよりずっと難しいということでした。

「チームで行う仕事は、たとえすべてのメンバーが人並み以上の力量を持ち合わせていても、成果がおぼつかないものだ」と彼は語っています。

ハックマンの研究によると、チームで仕事をする場合、成功のカギを握るのは5つの条件だといいます。

1 リアルなチームであること（チームやメンバーに課せられたタスクが明確で、メンバーの変更がなく安定していること）
2 ブレない絶対的な方向性
3 メンバーの力を引き出すしくみがあること
4 組織からのサポートがあること
5 専門的なコーチングが実施されていること

私の考える条件も似ており、管理職の仕事は、「Purpose＝パーパス」（目的）、「People＝ピープル」（人）、「Process＝プロセス」（プロセス）の「3つのP」に分けられると考えています。

ひとつ目のPは「Purpose」――つまり「目的」です。

チームが求める成果であり、「Why」（なぜやるのか）と言い換えることもできます。

◎目を覚ましたとき、多くのタスクの中から「これをやろう」と思うのはなぜか
◎時間と労力を使って、特定の仲間と一緒に、特定の目標に向かって働くのはなぜか
◎チームが大成功を収めたら業界にどんな変化を与えられるか

○なぜこのプロジェクトが重要なのか、メンバーの意見は一致しているか

メンバーが目的を理解できていなかったり、明確でなかったりする場合、意見の相違が生じることもあるので注意が必要です。

レモネード屋を例にあげて考えてみましょう。

あなたは店舗を増やそうと思っています。まずは街のあらゆる場所にスタンドを構え、最終的には全国展開も視野に入れています。

しかしあなたが雇ったボブは「レモネード屋はご近所の憩いの場であればいい」という考えなので、あなたにとっては重要でない、ムダに思えることをやり始めます。芝生に置く椅子を購入したり、レモネードとピザのセットを提供しようとしたり。こうした考え方のずれを解消するには、彼や他のメンバーと話し合って、今後の方向性を共有しなければなりません。

その際、自分のビジョンを押しつけることがあってはいけません。

ボブが「街じゅうにレモネードスタンドを」というあなたの計画をバカげていると思えば、やる気を失うはずです。レモネード屋を辞めて、自分のやりたい仕事――たとえば公

園のそばでピザ屋を始めてしまうかもしれません。

管理職になって最初にしなければいけないのは、チーム全体が成功のイメージを把握していて、目標に向かっていく積極的な気持ちが、彼らにあるかどうかを確認することです。「電話をかけてきた客にていねいに対応する」といった小さな目標でも「世界をひとつにする」といった大きな目的でも同じこと。

メンバーひと人ひとりに理解させ納得させ、同時に自分自身も肝《きも》に銘《めい》じる。

さらにはメールで回覧したり、目標として掲げたり、打ち合わせや大規模な会議などで喚起するなど、さまざまな機会を利用して理解をうながすこと。

2つ目のPは「People」——人であり「Who」です。

◎チームは成果を出すための準備ができていますか?
◎メンバーは必要な能力を備えていますか?
◎やる気がありますか?

仕事にふさわしいメンバーが揃っていなかったり、目標を達成する環境が整っていなかったりすると問題が生じます。

レモネード屋の例に戻りましょう。たとえばあなたが編み出した秘密のレシピをメアリーが守らず、レモン水や砂糖、水の量を適当に量ってレモネードをつくった場合。ボブが客をぞんざいにあつかった場合。さらにはあなたの段取りが悪い場合。

そうなるとレモネード屋は危機におちいります。

まずはメンバー間の信頼関係を構築し、

彼らの長所と弱点を把握し（自分の長所と弱点も確認を！）、

誰に何を担当させるか判断し（必要ならば人を新たに雇ったり担当を外したりする）、

彼らが実力を発揮できるよう指導しましょう。

最後のPは「Process」――プロセスです。

個人が優れた能力を持ち合わせ、目標をしっかり把握しているチームも、協力体制や価値観が定まっていないと、単純な作業すら複雑化します。誰が何をいつまでに終わらせるか、どんな原則にのっとって意思決定を行うか決まっていますか？

先のレモネード屋においては、ボブが材料調達係で、メアリーはレモネードづくりの担当者だとします。

いつ材料を買いに行けばいいか、ボブはどうやって決めたらいいでしょうか。

メアリーはレモネードをどれだけつくればいいか、どうやって判断すればいいでしょうか。

レモネードが売れそうな暑い日に、レモンを使い切ってしまったらどうしますか。

前もって計画を練っておかないと、問題が生じたときに連携して対処できず、２人とも時間とお金をムダにすることになります。


人は「プロセス」という言葉にアレルギー反応を示すものです。

私も以前はそうでした。プロセスと聞くと仕事がはかどらず、山積みの書類や退屈な会議に辟易《へきえき》している自分を想像してしまうのです。逆にプロセスがない世界では、どんな仕事でもあっという間に終わらせられるような気がしていました。形式にとらわれず、なにも邪魔されず、自分の裁量で仕事をしたほうが、仕事の効率も上がるのでは？

もちろんある意味で、それは事実。

誰でも自分なりの仕事の進め方や意思決定の方法が確立されていますから、１人で仕事をする場合、自分の進捗《しんちょく》だけ気をつけていれば問題ないわけです。

しかしチームで仕事をする場合、プロセスなくして業務は進みません。チームの規模が大きければ大きいほど、プロセスへの比重が大きくなります。

仕事の処理能力が高いからといって、みんながチーム内の空気を読むのがうまいとはかぎりません。だからこそ、どう意思決定をしてどう問題を解決するか、チーム内で共通の価値観を明示しておかなければならないのです。

そのために、上司はタイミングよく会議をセッティングしたり、ミスの再発を防止したり、明日のスケジュールを立てたり、働きやすい現場づくりをしたりと、気を配るべきでしょう。

「目的」と「人」と「プロセス」。つまり「What」と「Who」と「How」。

優秀なマネジャーは成果を出すためにこの３つの「てこ」をどう生かすか、つねに自問自答しています。

さらに**チームの規模が大きくなれば、上司個人の仕事のスキルはそれほど重要でなくなります**。それよりも、**チームにどれだけ乗数効果をもたらすことができるかが問われるの**

です。

舞台を再びレモネード屋に戻して具体的に説明しましょう。

たとえば、私がレモネードを1時間に20杯売り、ボブとメアリーは15杯ずつ売るとします。

3人とも1日4時間ずつ働くとしたら、私が一番長く店頭に立つべきでしょう。なぜなら私が一番優秀な売り子だからです。私は1日80杯売ることができますが、ボブとメアリーは60杯ずつ。つまり1日の売り上げの40％は私の手柄でしょう。

しかし私がレモネードを売る時間を、別の仕事に使ったとしたらどうでしょう。

たとえば店頭に立つのをやめて、ボブとメアリーにレモネードを多く売るコツを伝授したらどうでしょう（「接客するときにダジャレを言って笑わせるといいよ」とか「前もって材料を小分けにしておいて」とか「ケチケチせず、コップになみなみと注いで」とかアドバイスします）。

これに30時間かかったとしたら、私は自分の売り上げ600杯分をふいにして従業員の教育に力を入れたことになります。

でも教えた甲斐あって、2人とも15杯の売り上げを16杯に増やすことができました。わずかな進歩ではありますが、2人で計8杯売り上げを伸ばしたわけです。

そして、その後3カ月もたたないうちに、2人は私が売り損ねた600杯を売りさばいてしまいました。

2人が1年間働き続けたとしたら、私は自分の売り上げをあきらめて捻出《ねんしゅつ》した30時間と引き換えに、2000杯分以上もの売り上げアップを達成することになるのです！


社員教育の他にもできることはあります。

たとえば私がその30時間を使って新たな人材を発掘したとしたらどうでしょう。

幸いにも近所に住むトビーが加わってくれました。彼は弁舌さわやかな男性で、客受けが抜群です。彼が店頭に立つやいなや女性の客が一気に増加。トビーは「街中にレモネード屋を」という私の構想にも賛同しています。

しかも1時間に30杯売り上げ、私を圧倒。彼のおかげで、1年間で2万1000杯分の売り上げアップを記録することができました。

もし私が自分の売り上げに固執していたら、多少は貢献したとしてもこれだけの成果を上げることはできなかったでしょう。

一般の従業員と変わらない働き方をしていたのですから、管理職としての評価も思わしくなかったはずです。しかしボブとメアリーを教育したことで、私の努力が売り上げにつながり、わずかながらも乗数効果が出たわけです。

これだけならどうということもありませんが、それから軌道に乗り、さらにトビーを雇ったことで、大規模な乗数効果を上げることができました。

もちろんこれは単純すぎる例です。自分の仕事を中断して他の業務に取り組んだ結果を数値化するのは、そう簡単ではありません。

時間の配分にどう優先順位をつければいいかについては後の章でお話ししますが、たとえどんなふうに時間を使おうと、チームを成功に導くためのカギは同じです。

つまり、**管理職の役割は「自分が抱えている仕事をこなすこと」ではありません。**

たとえあなたがその仕事に秀でていても、自分が一番になって成功すればいいというものではありません。

管理職の仕事は「3つのP」――「目的」「人」「プロセス」を向上させ、チームに最大限の乗数効果をもたらすことです。

真っ先にクリアすべき条件

レモネード屋の店長である私が自身の売り上げを犠牲にして、店員への教育や雇用に時間を割いたのは、店全体の売り上げがアップすることを見込んでのことでした。しかし、この決断はつねに正しいといえるでしょうか。

答えはもちろんノーです。そのときの状況によるからです。

もし、経営者であるあなたがレモネード屋の開店資金を借金していて、2週間以内に返済しないと利子が10倍になってしまうとしたらどうしますか？

この場合、できるかぎり多くのレモネードを売ることのほうが重要です。店が倒産寸前の危機にあるのに、数カ月先あるいは数年先の計画を立てる余裕などありません。

長期的な視点からの経営戦略の重要性はよくいわれることで、これは会社の経営状態が安定しているときには有効ですが、会社が危機にある場合、大切なのは目の前の火を消すことです。

優秀な上司になりたくて本書を手に取るくらいですから、恐らく読者のみなさんの会社は絶体絶命の危機におちいっているわけではないでしょう。しかし、先行きが不透明なら、この本を脇に置いて、今、まさに事態を好転させる策を練らなければなりません。

そうして最低限のことをクリアしたら、将来に備えて計画を立てたり、数カ月先や数年先に向けて今できることを考えたりしてもいいでしょう。

そもそも管理職に向いているのは誰か

ここまで、管理職の仕事とは、人々がともに働くことでよりよい成果を上げられるようにすることだと書いてきました。

それでは自分が管理職に向いているかどうかは、どうしたらわかるのか。

13ページで「優れた上司は生まれるのではなく、つくられる」という言葉を紹介しましたが、この言葉には続きがあります。

それは**「優れた上司は、日々の業務を楽しまなければならないし、むしろ楽しみたがっている」**ということです。

以前、私のチームに非常に有能なデザイナーがいました。創造力豊かで思慮深く、ある重要なプロダクトに関して誰よりも経験を積んでいました。

当然のことながら、チームのメンバーは彼女を頼るようになります。仕事に関して重大な決断をする場合、誰もが彼女にアドバイスを仰ぎました。

そこで、チームの規模を拡張したとき、管理職にならないかと打診しました。彼女は了承。きっとチームに素晴らしい影響をもたらすだろうと、私は期待していました。

しかし1年後。彼女は燃え尽きて、会社を去ってしまったのです。

私に辞意を告げたときの彼女の顔は、今でも忘れることができません。

「毎朝目が覚めると、今日も仕事をし、部下を管理しなければならないと思うと、憂うつになります」と。

本来、職人気質だった彼女は、誰にも邪魔されずにじっくり腰を落ち着けて仕事をしたり、直接自分の手でなにかをつくったりしたかったのだと思います。

この経験をきっかけに教訓を得たのは、管理職に興味があるという人がいると、管理職のどの部分に魅力を感じるのか話を聞き、実際の業務と合致しているか判断しなければならないということ。

もし自分が管理職として向いているのかどうか確かめたいのなら、まずは次の3つの質問に答えておいてほしいのです。

質問① 特定の役割を担い、成果を上げることにやる気を感じるか？

管理職はチームの成果で評価されるもの。どんな形であれチームを支え、成功に導くのが仕事です。

チームに必要なスキルが足りなければ、人材を養成したり人材を雇用したりするべきですし、メンバーが仲間に迷惑をかけていたらやめさせなければなりません。業務の手順を理解していない部下には計画を示して指導する必要があります。

どれもこれも地味ですが、重要かつ必須の業務です。誰もやらないのならあなたが引き受けなければなりません。

当然、フレキシブルな対応が求められるでしょう。

チームは日々、目標が変わり、メンバーが刷新され、作業のプロセスも変化します。上司はそのたびに新たな対応を迫られます。

管理職の仕事にやりがいを感じているのなら、そうした変化すら楽しめるかもしれません（少なくとも気に病むことはないでしょう）。

しかし、ほかにやりがいを感じ、手放したくない現場の仕事がある場合、あなたの目標はチームが必要とするものと一致しないことになります。

この質問は3つの中でもっとも重要です。自信をもって「イエス」と答えられる人だけが、さまざまな事態に対処できる気質と力量を備え、組織の舵《かじ》を取ることができます。

質問② 人と話すのが好きか？

上司はチームを率いるのが仕事。

当然のことながら、部下たちと長時間一緒に過ごすことになります。部下1人ひとりをサポートして目標を達成させるためには、彼らの話に耳を傾け、話し合うのも重要な仕事です。

「上司になると1日の大半が会議で埋まる」と聞いたらあなたはどう思いますか？

「1日の大半」は少々大げさかもしれませんが、「問題なし」と答える人は、人との交流からエネルギーを得るタイプといえるでしょう。

逆に「それはちょっと……」と感じるようなら、上司として、日々の業務を苦痛に感じるかもしれません。

かといって、とりわけ社交的である必要はありません。私自身、どちらかというとおとなしいタイプですし、映画監督のスティーブン・スピルバーグも、第32代米国大統領フランクリン・ルーズベルトの妻、エレノア・ルーズベルトも外向的ではなかったといわれています。

とはいえ、人に邪魔されることなく静かな空間でじっくり仕事に取り組みたいと考える職人気質の人は、管理職には向いていないかもしれません。

質問③ 精神的につらい状況でも冷静でいられるか？

前述したとおり、上司の仕事は人とのやり取りが多くを占めます。そして人は誰でもその人なりの経験や意欲を持ち、希望や恐れといった感情を抱いています。

ときには部下に思いがけない行動を取られても、冷静に対応しなければなりません。業績が期待どおりでないと説明しなければならないこともあるでしょうし、最悪の場合、部下を呼び出して解雇を告げなければならないことだってあります。

取り乱した部下が泣いて、家族の話や個人的な問題、健康の不安や心の病などを訴えてくるかもしれません。

誰でもそんな場面に遭遇したくないものですが、そうしたやりきれない状況でも、冷静に対応し相手を気づかえる人がいるものです。

つらい状況にある友人があなたに相談してきたり、「親身になってくれる」「いつも冷静」と言われたり、緊張を和らげる存在として頼りにされているのなら、あなたは管理職が直面する、感情が絡《から》むさまざまな状況にも、冷静に対処できる力があります。

「なりたい」だけでは務まらない

人に「なぜ管理職になりたいのですか?」と尋ねると、たとえばこんな答えが返ってきます。

理由① キャリアアップしたい

「管理職」イコール「出世」と考える人は多いものです。影響力が増し、新たなチャンスが飛び込み、報酬や評価も増大……と、輝く未来を想像するのでしょう。

ほとんどの組織でいえることですが、管理職を経験しないことには出世の道は望めません。組織の先頭に立つのは経営幹部であり、CEOを目指すならばまずは総合職として人々の指導にあたる経験が必要になります。

業種によっては、ある一定のレベルに達したあとは、現場に立って人々を指導したり、多くの従業員が働く現場で仕事の管理をする術《すべ》を学んだりすることが、出世の道につながる場合もあります（カスタマーサポートや小売販売店など）。

とはいえ、多くの組織、とくに高度なスキルやクリエイティブな才能を抱えている会社なら、管理職を経験しなくてもキャリアアップは可能です。

心臓外科医として働く人ならば、プロとして数年の執刀経験を積み、技術を高めることで、その道の権威として困難な事例を引き受け、キャリアを飾ることもできます。

かならずしも病院の経営幹部になる必要はなく、高い技術を持っている外科医なら、同じくらい高い名声を得ることができます。

多くのＩＴ企業でも、エンジニアやデザイナーとしてある程度の年功を積んだ後、自分に合ったキャリアを追求するケースが見られます。管理職になって働き続ける場合もあれば、スペシャリスト職として独自に働き続ける人もいます。

どちらの道も、影響力や将来性、報酬で経営幹部に引けを取らないくらいの機会に恵まれます。つまり**管理職になるということは、昇進というより働き方を変える契機になる**わけです。

実際、シリコンバレーでは常人の10倍の生産力を誇る「10Xエンジニア」と呼ばれる人々が引っ張りだこ。数十ないし数百人もの人々を動かすことで、本部長や副社長（VP）と同等の報酬を手にしています。

そうしたスペシャリストを歓迎してくれる組織で働いているならば、環境を大いに利用し、どちらの道が自分の力を発揮できるのか、じっくり考えてみましょう。

理由②　自由に采配《さいはい》を振るいたい

誰にも命令されず邪魔されず、自分の思うままに決定を下したいと夢見る人もいます。

確かに上司になれば決めることが多くなりますが、どの決定もひとえにチームに利益をもたらすためのもの。そうでなければ信用も失いますし、自分勝手で無能な上司ということになってしまいます。

手綱を握るからには説明責任が必要。自分が決めたことで業績が悪化した場合、上司は相応の報いを受けることになります。自営業なら経営危機におちいりますし、公開会社のCEOなら解雇される可能性だってありえます。

ここで新人管理職だった私の経験をお話ししましょう。

ある製品の開発を始めたばかりのころ、帰宅する途中でいきなり素晴らしいアイデアが降りてきたのです。私の頭はそのアイデアでいっぱいになりました——これをどう売り込もう？　デザインはどうしよう？　どれだけのインパクトがあるだろう？

家に帰るといそいそとアイデアを起こし、翌日の会議で部下たちに説明しました。

なにか変だと思ったのは、その数日後。

頼んだ仕事の進捗が明らかに遅いのです。部下がスケッチにもとづいて、具体的な製品のアイデアを出し合うことになったのですが、たいした案も出ないまま時間が過ぎるばかり。もしや説明が不十分だったのかと思い、さらにくわしく説明してみても、状況は変わりませんでした。

そう、私は根本的な問題に気がついていなかったのです。

皆、私のアイデアに納得していなかったのです。うまくいくと思えないから、モチベーションも上がらず、仕事が進まない。

これは私が管理職になってはじめて学んだ教訓でした。**命令すれば人は動くというものではなく、人を触発し、説得できなければ、よい成果は生み出せません。**

リーダーシップの本質

仕事を始めたころの私は、「管理職」と「リーダー」を同義語と考えていました。しかしそれは大間違い。管理職とはあくまでも役割のひとつであり、小学校の先生や心臓外科医がそなえている専門的なスキルと同じです。業務内容や評価方法も明確な決まりがあります。

リーダーとは人に影響を与え、人を動かす、特殊な技能を持つ人のことです。

作家でありコンサルタントであるサイモン・シネックは著書『リーダーは最後に食べなさい！』（日本経済新聞出版）の中で**「よいリーダーは自身にスポットライトが当たるのを避け、部下を支え、守ることに時間とエネルギーを費やす」**と述べており、また「リーダーは自分のビジョンに命を宿すために、心血を注ぎ、汗を流し、涙を流し、できることはすべてやるものだ」とも述べています。

とはいえ他者に影響を与えることのできない管理職が、チームの成果を上げることに能力を発揮できるとは思えません。つまり優れた管理職はリーダーでなければならないのです。

一方、**リーダーは管理職である必要はありません**。

実のところ、役職は関係なく、誰でもリーダーになることは可能です。

たとえばショッピングセンターで非常ベルが鳴り響いたとき、率先して買い物客を安全な場所に避難させることができる店員や、責任ある大人として振る舞うことの大切さを、何世代にもわたって子どもらに教えてきた父親や母親たちも、リーダーシップを持っています。

自分が所属する組織のことも考えてみましょう。

顧客からの重要なクレームを取り上げ、ほかのチームと連絡を取りながら解決策を見つける社員や、新しいプロジェクトを実現させようと、進んで同僚を集めてディスカッションの場をつくる人、豊かなノウハウをわけへだてなく教えてくれる人など。問題点を見つけ出し、ほかの社員に解決を呼びかけることができれば、その人はリーダーです。

リーダーシップは仕事の内容ではなく、あくまでも資質がモノをいいます。

ここで強調したいのは、優れた管理職なら、自身がリーダーとして成長するだけでなく、将来のリーダーをチームから輩出すべきだということです。

管理職はどこかから与えられるものですが（もちろん、はく奪されることもあります）、リーダーの仕事は授けられるものではなく、自分で勝ち取るもの。

「この人についていきたい」とまわりの人々に思われていなければ、真のリーダーになることはできません。たとえ管理職になっても、信用や尊敬を得ることができなければ、人々に与える影響力は限られてくるでしょう。

私も管理職に就任したその日に「リーダー」になったわけではありません。はじめは私を疑いの目で見ていた部下たちと、その後、時間をかけて絆《きずな》をつくっていきました。

第 2 章

キャリアを左右する「最初の3カ月」

管理職の「4つのタイプ」

新任の管理職がチームにやってきて数カ月後、私が必ず尋ねることがあります。それは「これまでに、思っていたより大変だったことと、簡単だったことはどういうこと?」という質問。

ある人は質問に答える代わりに、笑いながら壁のポスターを指さしました。そこには「1日を1週間のように」という「フェイスブック」のスローガンが。

つまり覚えることが多すぎて「1日が1週間のように思えた」ということでした。「大変だったこと」については、これが一番多い回答。

「簡単だったこと」の答えはもう少し多岐にわたります。

下から昇格しそのままチームを率いることになった男性は「すでにまわりの人を知っているし、これまでやってきた仕事ですから」と答えました。

転職してきて管理職に就いた人は「新入社員が聞くような質問にも、みんなが親切に答えてくれてホッとした」と言いました。

一般的に、社員が管理職になるまでの経緯は、次の4つのうち、どれかに当てはまることが多いようです。

1　見習い型　所属している部署が拡張し、補佐役として任命されたタイプ
2　開拓者型　新規事業の立ち上げにかかわり、今後の業績に責任を負う立場にある
3　新参入型　既存の部署に異動したタイプ。転職して就任した人も含まれる
4　引き継ぎ型　上司の異動に伴いマネジャーに昇格したタイプ

この章では、それぞれのタイプの人たちが、最初に突き当たる問題を一緒に考えていきましょう。

1　見習い型

チームの人数が増えたことでお鉢《はち》が回ってきたタイプ。私はまさしくこの典型でした。社員の数が当初の倍になり、補佐役が必要だと考えた上司が私を管理職にしたのです。

有利な点① 管理職ビギナーにとっては一番やりやすい

自分自身に上司がいることは大きなメリットです。他のタイプに比べて指導や助言をもらえる機会も多いはず。

私がはじめて管理職に就任するとき、「あなたに任せようと思っている部下の名簿よ」と、上司は私に書類を手渡しました。後から考えると、いろいろと気をつかってくれたことがわかります。

部下はわずか数人。しかも私がうまくやっていけそうな人たちばかり。

前もって彼らと話をする機会を設けてくれたのもありがたいことでした（私の能力を疑問視していた部下との面談も含め）。

就任後の数カ月、ほかの部署からの要求にどう応えればいいかわからなかったとき、心の準備ができていないまま困難な状況におちいったとき、私自身の上司のアドバイスは大きな助けとなりました。

あなたが見習い型の管理職なら、次の項目についてあらかじめ自分の上司と話し合い、行動計画を立てておくことをおすすめします。

○さしあたっての自分の業務の範囲と、今後携わることになる業務は何か
○自分の管理職就任をチームにどう伝えるか
○自分が率いるメンバーについて知っておくべきことは何か
○チームの目標や仕事のプロセスでとくに重要なのは何か。目標をクリアするためにどう働きかけるのが効果的か
○管理職として達成すべき3カ月後、6カ月後の目標は何か
○複数からなる管理体制をどう運営し、誰が何を担当するか

有利な点② どうすればうまくいき、うまくいかないか知っている

会議の進行や意思決定の方法、同僚の性格など、すでにかなりの情報を得られているのは大きなメリット。まずは改めてチームの状況を観察し、優れている点をリストアップしてみてください。

メンバー同士の仲はいいか？
業務のプロセスは効率的か？
チームの評判はどうか？
正確で質の高い仕事をすると見なされているか？

次に残念な点も書き出します。

仕事の期限を設定したがらない。
優先順位がころころ変わる。
週に1度の会議が長すぎて、実はみんなが嫌がっている……など。

2つのリストをつくることで、何を改善し、何を残すべきかが浮き彫りになります。壊れていないものを修理する必要はありませんが、「これまで続けてきたことだから」といって旧態依然のしくみを放置するのはよくありません。
あなたはチームの成長をになう絶好の人材。チャンスを有効に使うために何をすればいいでしょうか。

有利な点③　知っているからすぐ動ける

チームを知っているからこそ、仕事の進め方だけでなく目標や進捗状況もわかっています。つまり、あらかじめ話を聞いたり勉強したりする必要がないということ。異動してきた管理職にはない強みです。

注意すべき点① 部下とのかかわり方にとまどいがある

そのチームでつい最近まで一般社員として働いていたからこそ、上司になれば人間関係も変化します。私も管理職になったときは、友人のように仲よくしていた同僚とのつき合い方に悩みました。心掛けるべき点をあげておきましょう。

かつての同僚たちについて理解を深めるのも新米上司の仕事です。キャリア上のゴール、彼らの個性が発揮できるプロジェクト、必要としているサポートは何なのか。期待に応えるためにどんな努力を重ねているかも観察します。

とはいえ友人のようにつき合ってきた彼らに「1年後の目標のためにどう働くべきだと思う?」とか「あなたの長所は何だと思いますか」などと尋ねるのは居心地が悪いし、最初はとまどうかもしれません。

しかし、たとえきまりが悪くても、話し合いを避けてはいけません。部下となった仲間が何に関心を抱いているのか尋ねてみましょう。フィードバックも大切です。彼らがここまで達成してきた成果を称え、どうすればもっとよくなるかアドバイスします（フィードバックについては第4章でくわしくご説明します）。

あなたはいわば彼らのコーチ役。目標を達成できるようサポートするのが役目です。

注意すべき点② 話しづらいこともためらわない

私は管理職になる前も、同僚とフィードバックをし合っていました。ちょっと言いにくいネガティブなことでも「○○さんのあのアイデアだけど、こう考えてみたらどうかな?」などと提案の形で自分の意見を伝えていました。意見を受け入れるかどうかは彼らしだいなので、どんなことでも自由に言えました。

しかし上司からのフィードバックとなるとまったく事情が違います。上司と部下の関係は同僚同士の関係とは異なります。上司になった今、あなたはチームの成果に責任があり、下される決定にも責任を負うことになります。

大きなプロジェクトに問題が生じたら、速やかに手を差し伸べなければなりません。部下へのフィードバックや人事などの難しい決断についても同じです。

早い時期から、自分がチームの成果に責任がある立場だと自覚し、部下に言いにくいことを伝えることもひとつの仕事です。

注意すべき点③ 特別あつかいされ、情報が入ってこなくなっても気にしない

管理職になって驚いたのは、それまで私に気軽に話しかけてくれていた同僚たちが、急

によそよそしくなったこと。

それまで打ち明けてくれていた仕事上の悩みやジレンマ、同僚への憤りなどをまったく口にしなくなりました。仲間数人でなにやら不満らしきことを話しているときに私が近寄ると、彼らはとたんに口をつぐみ、きまり悪そうに私を見るのです。チームで今、本当に何が起こっているか、これまでのように知ることができなくなりました。

しかし時間がたつにつれ、これはごく普通のことなのだとわかってきました。部下は私の手をわずらわせまいと気をつかい、あまり話しかけてこなくなりましたが、結局のところ、上司である私が努力することで信頼関係を築けることがわかったからです（第3章で説明します）。

注意すべき点④　現場と管理職の両立は難しい

見習い型マネジャーは小規模のチームを受け持つところから始め、少しずつ部下が増えていくといった感じでしょう。最初は上司としての業務をこなしながら、自身の仕事も行うことになります。

前述のレモネード屋のオーナーなら、メアリーたちを助けながら自分もレモネードを売るわけです。

私自身、それはいいことだと思っていました。デザイナーとしての仕事を中断すれば腕が鈍る。実力もないのに上司を名乗るのは恥ずかしいのでは？

そして、私は多くの上司が犯す過ちを犯しました。つまり管理職になった後も、以前と同じ量の現場の仕事をこなし続けたのです。

とはいえメンバーが増えれば上司としての仕事も増えます。予期せぬ事態が起これば部下と1対1で話し合う必要が生じ、チームが手がける仕事の確認作業も増えます。自分の仕事に割く時間がなくなり、仕事のクオリティは下がり、部下はイライラする――。

最終的には管理職とデザイナー、2つの仕事を両立することはあきらめました。両方やろうとすると、どちらもうまくいかないことがわかったのです。

チームの人数が4、5人になったら自分の仕事を減らす準備を始めましょう。部下のサポートを十分に行ってこそ、優れた上司だといえます。

2 開拓者型

あなたは新規事業の立ち上げに寄与しました。努力が実を結び、チームも大きくなりました。

実家の空き部屋を拠点に3人で始めた仕事が10人もの社員を抱える組織に発展した、あるいは、たった1人の会計係しかいなかったチームが財務部の看板を掲げるほどの大きな部署に成長した――いずれにせよ、よくやったと自分を褒めてあげてください。

とはいえ組織の規模が拡大するにつれ、注意すべき点も増えてきます。

有利な点① 自分が始めたから、なんでも把握できている

すべては自分が始めた事業。自分がチームの発端であり、軸であり、基盤です。さて、これからチームを発展させるにはどうすればいいでしょうか。

まずは頭の中にある価値観やノウハウをすべて整理し、具体的な言葉にしてメンバーに伝えます。

さらにチームの目標や価値、仕事のプロセスについてじっくり話し合ってみましょう。

その際、次の事柄について自分がどう考えているのか、あらかじめ確認しておきましょう。

○ どう意思決定するか

○優れた仕事とは何を意味するか
○事業の立ち上げを準備していたとき、自分の責務は何だと考えていたか
○現在の体制を続ける場合、困難なこと、やりやすいことは何か
○チームを発展させるにあたり、どんなプロセスが必要か

有利な点② 自分好みのチームをつくれる

開拓者型マネジャーの最大の強みは、一緒に働くメンバーや働き方を自分で決められること。人から受け継いだのではなく、自分でつくったブランドなのですから。どんな人材が必要でどんな文化をつくりたいか、次の項目を参考に考えてみましょう。

○メンバーに必要な能力は何か
○自分の能力を十分に発揮するために必要なスキルは何か
○1年後のチームはどうあるべきか。どう機能しているべきか
○今後生じる自分の役割と責任は何か

注意すべき点① 多くのサポートは望めない

開拓者の歩む道は冒険そのもの。しかもたった1人で歩まなければならない道のりです。

たとえばあなたが会社で唯一のデザイナーである場合、ユーザーエクスペリエンス（UX）の領域を広げろと社命が下ったらどうするか？

新たにデザイナーを雇う場合、誰にアドバイスを求めればよいか？

そう、誰も助けてはくれません。あなたが開拓者として、すべて自分で決めなければなりません。

とはいえ、助けを望めないわけではありません。いざというときに頼りになりそうな人は2種類存在します。

ひとつはあなたの部署と関連があるほかの部署の管理職。

もうひとつは他社で働く同業種の管理職です。


フェイスブックのエンジニアチームには、デザインチームの数倍のメンバーが所属しています。新たな課題が見つかったとき――週に1度の会議がうまく機能していなかったときや、キャリアについて部下からより明確な指針を求められたとき――私は別の部署を束ねている人を訪ねて、似たような経験がないかどうか尋ねています。

外部の人々にアドバイスを求める場合は、同業種の交流会などに出席して、自分と似た役割をになうリーダーたちから情報を得るのがおすすめです。

起業家である私の友人は、「リーダーのための勉強会」と称して、他の起業家たちと気軽な食事会を開いています。

私自身は「グーグル」や「エアビーアンドビー（Airbnb）」「アマゾン」といった他社のデザイン部門の管理職をしている人たちとコーヒーを飲みながら、最新のトレンド、業界の課題について情報交換をしています。

もちろん、会社の守秘義務にかかわるような特定のプロジェクトについて話をすることはありませんが、同じ仕事についている人たちとじっくり語り合うことで、学べることはたくさんあります。

3 新参入型

あなたは新しいリーダーとしてチームに配属されました。大きな一歩です！

成果を上げていない社員を管理職として既存の部署に配属させる組織はありませんから、おそらくマネジメントの経験ははじめてではないでしょう。

これまでの経験から、多少は知識があるかもしれませんが、気をつけておきたい点もいくつかあります。

有利な点① 大目に見てもらえる

新参入型マネジャーの一番の強みは、ある程度の猶予期間があること。

皆があなたのことをまったくの新参入とみなしていれば、たいていの場合、3カ月程度は時間が与えられるでしょう。誰がどんな仕事をしているか、進行中のプロジェクトは何かといったことを、あなたが知らなくて当然だと思っているからです。

多少のミスは誰も気にしませんし、それどころか、あなたが少しでも早く慣れるよう進んで手助けしてくれる人もいるはずです。

ですからこの際、新参入であることを十分に利用して、できるだけ多くの人にできるだけ多くの質問をぶつけてみましょう。

自分に自信がつくまでおとなしくしていたい、注目を浴びたくないと思うかもしれませんが、早く1人前になりたいのなら積極的に動くべきです。

誰かと組んで仕事を行う必要がある場合、マンツーマンで指導してもらえるよう頼んでみるといいでしょう。親しくなるきっかけがつくれますし、まわりの仕事への取り組み方を観察することもできます。コンビを組む相手が決まっていない場合は、上司からメンバーの名簿をもらって頼む相手を探してみてください。

とにかく、**わからないことがあればどんどん聞くこと。**たとえ知らないのは自分だけだと思っても、恥ずかしがっていては始まりません。

以前、市場開拓について会議で白熱した議論が続いていたときのこと。チームに加入した新人管理職が「すみません。来たばかりでよくわからないのですが――そもそもこの計画の狙いは何でしょうか？」と尋ねたのです。

一瞬、皆が黙り込みました。誰もその質問に答えられません。計画の細かいことばかりに気を取られていて、本来の目的を見失っていることに気づくきっかけになりました。

有利な点② 過去をリセットできる

たとえば、前の職場で「決断力がない」、あるいは逆に「頑固だ」と言われたことがあったら――人間関係が一新された今、**自分のイメージをリセットできるいいチャンス**です。

あなたの部下にとってもそれは同じこと。**今度こそ新しい上司のもとで自分が望んでいた、いい関係をつくる機会だと思っている**かもしれません。

ある部署に異動した私の友人の話です。

部署について引き継ぎを受けたところ、ある部下について「他の社員よりデキが悪い」と聞かされました。

彼は「鵜呑《うの》みにするのもな」と思い、判断は保留にしたそうです。そうして6カ月後、彼はその部下と理想的な関係を築くことができていました。「デキが悪い」と評された部下は、私の友人のもとでがんばり、1年もしないうちに新規プロジェクトを任されるまでに成長しました。

新しい職場で仕事を始めるからには、何を聞かされようとまずは部下のありのままの姿を見つめる努力をしてください。彼らも同じ気持ちであなたを迎え入れているはずです。

どんな人間関係を築き、どんな上司になりたいかを思い描きながら、本格的に業務に入る前にあらかじめ彼らと話をしておくと、スムーズに仕事が進むかもしれません。

1on1（1対1）の面接を設けて、次のように聞いてみるといいでしょう。

◎これまでの上司とのやりとりでもっとも助けになったことは何か

◎具体的にどんなサポート体制を求めているか

◎いい仕事をしたら、どう認められたいか

○役に立つフィードバックはどんなものか
○理想的な上司との人間関係はどんなものか

注意すべき点① 環境に慣れるのに時間がかかる

どれだけ能力があっても、新しい職場で仕事を覚えるのは時間がかかるもの。転職だろうと異動だろうとそれは変わりません。そんなとき、新加入の管理職がやりがちなのが、自分が有能であることを示すためにチームの会話に割り込んで、自分の意見を言おうとすること。

はっきり言ってこれは逆効果です。意見を求められてもいないのに自分の承認欲求を満たすためにべらべらしゃべり、人の時間をムダにする——古参のメンバーにとってこれほどムカッとくることはありません。

着任からの数カ月間、あなたの仕事は「聞くこと」であり、「質問すること」であり、「学ぶこと」です。

部署に異動してきた中間管理職がよく言うのが、仕事に対するチームの向き合い方を知りたいということ。

私がすすめるのは、いくつかのシナリオを想定し、それらの状況にどう対応しているのか、次のような質問を通して自分の上司に確認しておきましょう。

○いい仕事と平均的な仕事、中途半端な仕事、それぞれの定義は何か。具体的な例も
○進行中のプロジェクトや、先日の会議の結果をどう思うか。その理由は？
○先日チーム内で生じた出来事はごく日常的なことか、問題視すべきことか
○夜遅くまで残業して行う仕事はどんなものか。その理由は？
○優先順位をつける基準は何か

注意すべき点②　新たな人間関係を構築するのが大変

新たな役割に新たな職場。人間関係も1から築いていく。まわりの顔と名前を早く覚えなければと思う一方で、新参者として孤立感を抱くこともあるかもしれません。

メンバー同士が楽しそうに話をしているのに、あなたはそこに入ることができない。完全に受け入れられておらず、やりづらいと感じることもままあります。

こんなとき私の友人は、思いきって正直な気持ちを伝える作戦に出ていると言います。まずは「来たばかりの人間とそう簡単には打ち解けられないとは思うのだが、私は時間をかけていい関係を築きたい」という旨を伝えたあと、「じつは最近こんなことがあって

……」と自分の失敗談を話すのだそう。

とてもいいやり方ですね。上司がみずから弱点をさらけ出せば、まわりも話しかけやすくなります。

注意すべき点③　仕事についてよくわからないし、何を求められているかわからない

はじめて部下を持ったときには、仕事の内容やチームの様子、環境がどんなものなのか予測できなかった人もいるはずです。自分の状況が事前に聞いていたものとは違う——と、とまどいを感じることもあるかもしれません。

こうした場合、うまくいっていることと、そうでないことを自分の上司に打ち明け、管理職として自分に求められていることは何なのか理解することが重要です。

たとえば、私のチームに異動してきたある管理職は、彼が任されている部下たちとの意思疎通がうまくいかず悩んでいました。そこで彼と相談した上で、彼の部下たちと話をする機会を設けることにしました。

話し合いによって、よりよくコミュニケーションがとれるようになり、1週間もしないうちに状況は改善されたのです。

4 引き継ぎ型

引き継ぎ型は見習い型と似ているものの、もう少し複雑です。

これまでいた上司は別の部署に異動するので、あなたは一部のみならず、すべての責任を一手に引き受けることになるからです。

マネジメントの経験がある人もいるかもしれませんが、責任は増えますし、前任者が優秀ならばプレッシャーを感じるかもしれません。

業務の内容を認識していて即戦力になれるという点では見習い型と同じですが、大きな違いもあります。

注意すべき点① 責任重大でプレッシャーを感じる

能力以上の仕事を任されてしまった、と思うのも無理はありません。結局のところ、上司と同じレベルの仕事をしろと言われているようなものです。

管理業務について多少は把握していたにもかかわらず、いざ引き継いでみるとその重圧に押しつぶされる人もいるかもしれません。

「他のチームからの仕事の依頼がこれほど多いとは思いもよらなかった。私たちの負担が増えないように上司が盾《たて》になってくれていたのでした」

そう話してくれたのは上司の職を引き継いで管理職になった同僚です。

「毎日あちこちから依頼が来て、返事をするだけでてんてこまい。その合間に仕事をしていたんだから、上司のありがたみがわかりましたね」

とはいえ、自分に厳しすぎるのもよくありません。周囲の人や上司に助けてもらいましょう(第5章で説明します)。

同僚には自分の悩みを正直に打ち明け、慣れようと努力しているので理解してほしい、と話してみるのもいいでしょう。

私の友人は異動してからしばらく**「責任重大でとまどっています。簡単にいくとは思っていませんが、がんばりますのでよろしくお願いします」**とことあるごとに声をかけていたそうです。

新たな環境になじむ努力をしながらも、自分の状況を理解してもらえるよう周囲にアピールするのもよいかもしれません。

注意すべき点②　上司と同じことができる自信がない

上司が異動する前のチームの雰囲気は記憶に新しいところ。そのままの体制を維持するのが自分の任務だと思ってしまいがちです。

前の上司と同レベルくらいには仕事をしてもらわないと、と皆に期待されているような気にもなります。でも、あなたは違う人間なのです。

変化は改善に必要な条件。過去にとらわれず自分のやり方を貫きましょう。

「自分らしくありなさい。他の役柄はもう埋まっているのだから」

という有名な格言があります。自分がなりたいリーダー像を追求し、信じる道を歩むべき。人の真似をするより得るものは大きいはずです。

私のチームのプロダクトデザイン・マネジャーだったロビン・モリスは、独自の道を追求することで長年にわたり素晴らしい業績を上げ、部下からも慕われていました。

彼が数年前にチームを去ったとき、私は後任のマネジャーの1人と、彼の存在の大きさについて語り合ったことがあります。

「誰もロビンの代わりにはなれない。でもそれでいいと思う。私たちがもっとがんばっていい仕事をすることで彼の穴を埋めるしかないですね」

その言葉のとおり、部下たちは努力を重ね、1年後には役員も驚くほどの業績を上げたのです。

管理職就任後の3カ月は重要な期間ですが、かといって3カ月がたてば楽になるとはかぎりません。数カ月たっても数年経っても転校生気分が抜けない場合もあります。

「自分が何をやっているのか、いつになったらわかるんでしょう?」と新米管理職からよく質問されますが、**「そうね、私は3年かかったよ」**と正直に答えています。

第 3 章

すべては「小さなチーム」から

マネジメントは1日にして成らず

チームのメンバーがまだ8人だけだったころ、私たちは週に1回、「批評会」と称した会議を開いていました。90分もの長い会議でしたが、私にとっては週に1度の楽しみでした。

当日は、巨大なテレビが備えられた会議室にメンバーが集まります。プレゼンの順番を時計回りか反時計回りかのどちらかに決めたら、「まず私から」と誰かが手を上げ、プレゼンがスタート。

ノートパソコンとテレビをケーブルでつなぐと、デザイナーが現在手がけているプロダクトのデザインが映し出されます。

発表者が課題や解決案を説明すると、私たちは画面を見つめ、細部にまで想像をめぐらせます。自分がユーザーだったら、朝起きてその製品をどう使い、どう楽しむか。

はじめて見たときに、まずどう感じる？

使い方はすぐ理解できる？　それともとまどう？

どうすればもっとよいものになる?


簡単な説明が終わったあとは意見交換に移ります。

メンバーは自由に質問し、意見を述べ、提案をします。

「○○さんが言う解決すべき問題というのは、そもそも本当に問題なのでしょうか?」といった大きな視点もあれば、「その情報はどう見せるの? リストにするんですか? それともグリッド状?」といった具体的な視点もあります。

議論やディベートも行います。

質の高いユーザーエクスペリエンスを提供するためのアイデアを出し合ったり、似た事例を提示し、そこから得るものがないか検証したり——。

デザイナーたちが手がけた製品を並べ、点と点をつなげるように全体像を俯瞰《ふかん》して眺めたりもします。

公平かつ創造的な批評が集まれば、会議じたいがひとつの協同作業になり、デザイナーたちもそこからヒントを得ることができます。

引き続き別のデザイナーがプレゼンを始め、全員がプレゼンを行えば会議は終了。

小さなチームならではの会議風景ですね。

「ローマは1日にして成らず」と言いますが、マネジメントも同じこと。部下を持ったばかりの人間が、いきなり会議室いっぱいの人々を前に10年先のビジョンを語るなんてことはできません。

新人管理職のキャリアはほとんどの場合、まず数人のチームで業務について広く深く学びながら、信頼関係を築き上げていきます。メンバーがお互いのことをよく知り、最小限のリソースを分かち合う――それが小さなチームです。

「やる気」と「やり方」

これまでお話ししたように、マネジャーの仕事とは「Purpose」（目的）と「People」（人）と「Process」（プロセス）の3つのPに影響を与え、チームがよりよい業績を上げられるよう働きかけること。

小さなチームの場合、とりわけ「人」が重要です。

優れた仕事をするためにはどうすればいいでしょう。

第1章でお話しした「インテル」の元CEOであるアンディ・グローブは、著書『HIGH OUTPUT MANAGEMENT（ハイアウトプット マネジメント）』（日経BP）の中で、**「人がよい仕事をしていないとき、その理由は2つしかない。ひとつは、やり方がわからない。もうひとつは、やり方はわかるが、やる気がない」**と述べています。

なぜ仕事のやり方がわからないのか。

まず想像できるのは、部下にその仕事をこなすだけの能力がないということ。

家の壁にペンキを塗るのに会計士を雇ったらカーペットがしみだらけになってしまった――そう聞いても驚くことではありません。帳簿のつけ方は知っていても、ペンキをきれいに塗れるわけではないでしょう。

部下に能力がない場合、管理職がやるべきことはどちらか2つ。

部下に技術を習得させるか、あるいは技術を持つ人間を新たに採用するかです。

やる気のない部下についてはどうするか。

まずはなぜやる気がないのか探る必要があります。可能性として思い浮かぶのは、優れた仕事とはなにかを把握していない。

あるいはそれが自分のやりたい仕事ではない場合。つまり、やればできる人だけれど、別の仕事に興味があるということです。

また、努力したところでなにも変わらないと思っている場合もあります。優れた仕事をしたって見返りもないし、やらなかったところで罰を受けるわけでもない――じゃあ、やる必要もないじゃないかというわけ。

とりあえず、やる気がないのか、能力が足りないのか、突き止めましょう。

これは直接話をしてみればすぐわかります。まずは部下の話を聞き、彼らが仕事の目的を把握しているかどうか確認します。

つまり「優れた仕事」についてあなたと部下、双方の認識が一致しているかどうか把握します。次に部下のモチベーションを確認。どちらにも問題が見当たらなかったら、能力の有無に移ります。

こうした話をする場合、当然のことながら、包みかくさず、建設的な会話を心がけてください。

何が信頼をつくるのか

「人を信じなければ人生は不可能になる」

劇作家のアントン・チェーホフはこう述べています。これは友人や夫婦、パートナーとの関係などすべての人間関係に言えること。上司と部下の人間関係も例外ではありません。

そりゃそうだろうと思うかもしれませんが、言うは易《やす》く行うは難《かた》し、です。

当然のことながら、あなたが彼らに与える影響は、彼らがあなたに与える影響よりもはるかに大きい。つまり、**信頼関係の構築については、あなたに課せられた責任のほうがはるかに大きい**のです。

ここでちょっと、あなた自身と上司の関係に思いをめぐらせてください。

たとえば思うように仕事が進まず悩んでいるとします。突破口が見えず、ストレスを抱えているとき、あなたは上司に自分の悩みを打ち明けますか？

私の場合、働き始めて数年間は「ノー」でした。

仕事がうまくいかないときに、上司に打ち明けるのは恥ずかしいことだと考えていたのです。がっかりされたらどうしよう、仕事を任せたのは間違いだったと思われたらどうしよう……。

たとえ抱えている仕事が手一杯で、プロジェクトのひとつを取りこぼしそうになったとしても「確かに今は大変ですが、大丈夫です。間に合わせます」とごまかしたはずです。その分、徹夜して死に物狂いで働くしかありません。ストレスレベルは限界を越えたと思います。

部下が上司によく見られたいと思うのは当然のこと。コイツは不平が多いとかミスが多いとか、問題ばかり起こすという印象を与えてしまうのは極力避けたいわけです。

部下が本心を語らない場合、上司にはどうすることもできません。しかし問題はそのあとの展開。後に重要になるその前兆を見逃すことになりかねないからです。

彼らは平静を装いながら心の中で不満をたぎらせ、ある日突然辞職届を提出してあなたを驚かせます。それはたいていの場合、単に彼らが「会社を去った」というだけでなく、「あなたを見かぎった」のです。

上司と部下が信頼関係で結ばれていれば、そうした事態は避けられるはず。上司が自分を信頼してくれていると確信できれば、部下は正直に自分の話をするからです。

まずは次の質問に答えてみてください。「イエス」と答えられれば、部下はあなたを信頼できる存在と考えています。

信頼関係のポイント① どんな問題でも話してくれるか

抱え込んでいる問題やミス、心配事を正直に打ち明けてもいい——そう思えるのが信頼関係の証《あか》しです。部下があなたを信頼していれば、タスクが思うように進まないときは即座に伝えてくるので、協力して解決できます。

ほかのメンバーと一緒に作業するときにも報告があるので、人づてに話を聞くことはありません。夜遅くまで作業をする場合も、あらかじめひと言言ってくるはず。

ある同僚は、部下との関係が健全かどうか確認するために、簡単なテストを行っています。

仕事の進捗状況を聞いたとき、部下が数週間にわたって「大丈夫です。順調です」と答えるようなら、さらなる話をうながすことにしているそう。
その部下は**仕事が順調に進んでいるときには積極的に話をするのに、悩んでいるときにはまず自分からは話をしない**からだそうです。

信頼関係のポイント② 定期的にフィードバックを行っているか

部下の仕事の結果が芳しくない場合、率直に伝えられますか？ またあなたが間違いを犯したとき、部下は指摘してきますか？

ある同僚が、部下との１ｏｎ１のミーティングを成功させる秘訣《ひけつ》を教えてくれました。それは会議の雰囲気が多少なりともぎこちなくなるよう努力すること。

その理由はというと、**重要かつ有意義な話し合いならば、その場は必ずぎこちなくなる**はずだから。なるほど、確かに納得です。

相手の間違いを指摘したり、感情に向き合ったり、不安な気持ちを吐露したり、これまで誰にも言わなかった夢を打ち明けたりするときに、平常心を維持するのは難しいもの。気まずい雰囲気を避けようと上っ面の話をしていたら、いつまでたっても強い絆を結ぶことはできません。

親しくない人に対して言葉を選んでしまう理由は、ともに過ごした時間が短いことに加え、相手の気分を害するのが怖いから。

自分をさらけ出し、厳しいことを言い合えるだけの信頼関係を築くには、さまざまな経験を共有することが必要です。

信頼関係のポイント③　もう一度一緒に働きたいと言われるだろうか

もし上司を選べるのなら誰を選ぶか――そう聞かれた部下があなたを選んだら、あなたと部下のあいだに確かな絆がある証拠。

上司が新たな任務に就いたときに、それまで一緒に働いてきた部下もついていき、引き続きサポートをしているのを見かけますが、これは上司としてのリーダーシップが優れていることの表れです。

よく企業が無記名で行う社員の満足度調査には「今の上司と再び仕事がしたいですか？」という質問項目があります。自分が働く会社がこうした調査を行っていないのなら、チーム独自で調査を行い、部下の気持ちを探ってみるのもいいでしょう。

どの部下も、またあなたと仕事がしたいと思っている――そう言い切れる自信がありますか？　断言できないようなら、そう思っていない可能性が高いです（「これって恋なのかなあ？」と疑問を抱いたときは、たいていそうでないもの！）。

「優れた上司とは？」と部下に聞き、その返答から自分が信頼されているのかどうか、当たりをつけることもできます。

もちろん「職場を変わっても、私ともう一度一緒に働きたいですか？」と単刀直入に聞くのも明快でいいのですが、答えによってはあなたが衝撃を受ける可能性がありますので、不安な人はやめておきましょう。

上司と部下の「いい関係」とは

私は以前、部下にやや厳しいフィードバックを行ったことがあります。

この部下を、仮にMさんとしましょう。彼は有能な管理職でしたが、部下の仕事に干渉しがちであると聞いていました。日々のタスクをいちいち指図せず、自分たちに任せてほしいというのが彼の部下たちの意見でした。

私がそう伝えたところ、Mさんはショックを受けたようです。

彼の気持ちはもっともです。彼が自分のこれまでの行動を反省しているようだったので、私は「気持ちはわかりますよ」と伝えました。

Mさんは核心を突かれたような顔をして黙り込み、「そうですか……?」と聞き返しました。「ええ、私も同じことを言われて悩んだことがあるから」

ついこのあいだ、ある部下と面談をしたのに有益なアドバイスもできず、細かな指示ばかりして、あとで後悔したのだ、と打ち明けてみました。

Mさんは黙って聞いていましたが、最後に「ありがとうございます。少し気が楽になりました」と言うのです。

私がとくに役に立つ話をしたわけでもないし、問題が解決できるような具体的な指示をしたわけでもない。ただ「自分も同じ経験があるから気持ちはわかります」と言っただけです。

とはいえ、この対話は私にとって心に残る経験になりました。

このときMさんと私は、権威ある上司と部下としてではなく、マネジメントという荒波をともに乗り越えようとしている仲間の1人として話をすることができたのです。

部下からの信頼を勝ち得るときに、大切なポイントを次にあげていきます。

信頼を築く法① 敬意を表し、思いやる

数年前、私はリーダーとして大きな実績を上げた人のセミナーに参加しました。

彼の話によると、長きにわたる人生の中で、彼のもとをみずから去った部下はいなかったとのこと。

その理由を尋ねられた彼は「今日これだけは覚えて帰ってください」と念を押してから**「マネジメントとは思いやりです」**と言いました。

部下を大切に思っていなければ、かならず態度に表れます。

とはいえ、人を思いやる方法はさまざま。

管理職になりたての私は、たとえ自分の意見が違っても、まずは部下の言い分を支持することが彼らへの思いやりだと信じていました。ほかのチームから厳しいことを言われても、上司として彼らを全面的に擁護《ようご》しなければならないと考えていたのです。

しかし、のちに部下をサポートするということは、彼らの意見に賛成することや過ちを大目に見たりすることではないと気がつきました。

思い返してみると、これまでの人生の中で私の成功を信じ励ましてしてくれた両親や親友、上司などは、私が間違っていたら臆することなく指摘してくれたものです（母は今でもよく、私が子どものころ、朝食前にアイスクリームを食べたいとごねた話をします。私のわがままは絶対に聞き入れられませんでしたが、それは健康な食生活を身につけてほしいという母の愛情でした）。

部下への思いやりとは、彼らが成功できるよう手を差し伸べることです。それは彼らが何を求めているのか時間をかけて学ぶことでもあります。

部下を思う気持ちは家族を思う気持ちと同じと考えてください。

部下への思いやりでもうひとつ重要なのは、彼らへの気持ちは無条件でなければならないということ。**彼らの功績ではなく、人としての彼らを敬わなければ意味がありません。**

優秀な部下を盛り立てて大切にする上司、というのはごく当たり前です。優れた人に好感を持ち、いい関係を築くのはとても簡単なことだからです。

しかし、**肝心なのは、部下が逆境におちいっているときにどう接するか。**

上司が自分を応援してくれるか否かは、自分の業績による——部下がそう思っている場合、成績が落ち込んだりしたら果たして自分と向き合ってくれるのか、部下の心は不安でいっぱいです。

逆に、どんなときでも心を配り、態度が変わらないと感じていたら、彼らはかならず真《しん》摯《し》に接するはずです。

たとえ上司と部下という関係が終わりを告げても、連絡を取り合って一緒に食事をしたり、いい関係を続けている人々はたくさんいます。

信頼を築く法②　部下のために時間を費やす

チームの健全な人間関係をつくるには長い道のりが必要です。

そこで活用したいのが「1on1ミーティング」(略して「1on1」)。

部下と1対1で話し合う時間はマネジメントには欠かせない機会です。最低でも週に1回、30分間ずつ(必要ならそれ以上)、全員の部下とミーティングの時間を設けることをおすすめします。

毎日、机を並べて座り、顔を合わせていても、部下とじっくり話し合うチャンスはなかなかありません。「1on1」なら部下のモチベーションやキャリア上の目標、日常の業務で感じていることなど、ふだんできない話もできます。

上司としてのあなたの希望やニーズではなく部下の話を聞くことに焦点を絞り、彼らを成功させるために何ができるか探ること。

仕事の進捗を聞くのはいつでもできます。「1on1」は、ほかのメンバーと一緒のときにはできない話、メールでは伝えられない話をする貴重な機会です。

理想的な「1on1」は、部下にとって利用価値が高いものです。部下との心理的な垣根を取り払い、新たな視点を示し、自信を与えることができれば、「1on1」は大成功といえるでしょう。

「1on1」を行う上で、役に立つアイデアをまとめました。

◎優先順位の高い話だけを選ぶこと。部下が抱えている重要度の高い3つのタスクをあげ、成果を上げるためにどんな助けが必要か話し合う

◎「優れた仕事」とは何かを考えること。共有するビジョンは何か、目標や期待する成果が一致しているか確認する

◎フィードバックをし合うこと。部下にとって役立つフィードバックを考える。上司である自分に何を求めているか、何が必要かを尋ねる

◎現在の状況を知ること。部下がどんな状況にあって何を考えているのか、本音を聞いておくのも大切

◎仕事とプライベートのバランスはとれているか。満足していること、していないことは何か

◎目標に変化はあったか尋ねる。現在学んでいること、今後学びたいと思っていること

はあるかどうかを確認

かねてから話し合ってみたかった話題を「1on1」の場に持ち込むと、有意義な時間になります。私は毎朝カレンダーを眺めて、部下に尋ねる質問を考えるのが日課になっています。

「質問」は、現在の状況を把握するのにもっとも有効なツールになりえます。

上司は部下が抱える問題や解決策をすべて理解しているわけではありませんから、たとえ善意から「助けたい」と思ってもうまくいかないこともあるでしょう。

また、上司の説教を右から左へと聞き流してしまう部下が多いのは、むしろ問題についての上司の理解が足りないことが多いもの。部下は聞いてもいないのにいろいろ言われると、束縛やおせっかいと感じてしまいます。

上司の本来の仕事は、部下にアドバイスしたりトラブルから救ったりすることではなく、彼らが自分で答えを見つけられるようにヒントを与えることです。

問題の本質を知っているのは現場に携わっている部下であり、問題を解決するのも部下。彼らに主導権を預け、あなたは聞き役に徹し、問題の本質を探ることに努めましょう。

部下との会話の流れをつくるために私がしている質問を紹介します。

《話題を決めるための質問》

部下にとって重要な話題や、価値の高い話題は何かを探る。

「なにか話しておきたいことはありますか？」

「今週、優先順位が高い仕事は何ですか？」

「今日、一番時間がかかった作業は何でしたか？」

《理解するための質問》

問題の本質を見極め、解決のきっかけをつかむ。

「この問題を解決する場合、○○さんが考えるもっとも理想的な方法は何ですか？」

「この問題を解決する場合、障害になっているのは何ですか？」

「一番心配なことは何ですか？」

「この問題を解決するために、具体的にどんな行動を起こすべきだと思いますか？」

「○○さんが恐れている最悪のシナリオは何ですか？」

《サポートするための質問》

上司が部下のために何をすればいいかを明らかにする。

「私にできることはありますか？」

「○○さんがより成果を上げるために、私にできることはありますか？」

「今日の話し合いで一番役に立ったことは何ですか？」

信頼を築く法③　部下の仕事について正直に意見を言う

上司が部下の仕事の状況を見極めることは、部下が上司の仕事を見極めることよりずっと重要なこと。

結局のところ、部下にどんな仕事させるかを決めるのも、昇進させるか役職から外すかを決めるのも、上司であるあなただからです。そうしたある種の〝権力〟を持ったからには、部下に対する評価は誠実かつ透明性の高いものでなければなりません。

部下は上司が自分に何を期待し、どんな基準で自分を評価しているのか、知る必要があります。

部下が「上司は私のことをいったいどう思っているんだろう？」と考えてしまうような

ら、フィードバックが十分でないということ。言葉の端から察してくれるだろうとか、こんな当たり前のことは言わなくてもわかっているだろうとか、安易に考えてはいけません。

もし、「彼の仕事ぶりは素晴らしい」、そう思っているなら、直接伝えてください。

逆に、望んでいるレベルに達していないと思っているなら、理由とともにていねいに伝えるべきです。フィードバックのやり方については、次の章で詳しく紹介します。

信頼を築く法④　自分の間違いを認める

完璧な人はいないもの。どんな上司だって例外ではありません。

人を傷つけるような言動をしたり、知ったかぶりをして場の雰囲気を悪くしてしまったり――そうした場合、自分の欠点や弱点を認めるとメンツにかかわると考える管理職が多いのですが、それは間違いです。

ただ謝ってください。自分の失敗を認め、今後はもっと気をつけて行動すればなんの問題もありません。

少し前の話ですが、私の上司であり、部下から広く尊敬を集めている人が、あるチームの業務の遅れを指摘するメールを一斉送信しました。メールの文面からはチームに憤りを覚えていることが明らかにわかり、彼がかなり年長であることも相まって、メールを受け取った部下たちのモチベーションは著《いちじる》しく下がりました。

実際、彼はチームの事情も社員たちの努力も知らないまま、メールを送ってしまったのです。その後、彼に近しい人が事情を説明し、あのメールは不適切だったと伝えました。するとと、彼は自分の「やってしまったこと」に気づき、すぐに謝罪しました。

「人はあなたが言ったこと、あなたがしたことは忘れる。でもあなたに対してどう感じたかは絶対に忘れない」という有名な言葉があります。

彼のメールの詳細は今となっては思い出せませんが、彼がミスを認め、謝ってくれたことで社員の心の中にポジティブな変化が起こったのは、今でもよく覚えています。

つらい思いをしているとき、心に残るのはアドバイスや解決策ではなく、「共感」であることが多いもの。私自身、昔はそう聞いても今ひとつピンときませんでした。

リーダーたるもの、つねに理知的で、自信にあふれ、堂々としていなければ。自分は部下の前ではしっかりした態度を示さなければと。

しかし、勇気や恥や共感といった感情について研究を行うヒューストン大学ソーシャルワーク大学院のブレネー・ブラウンは、自身の弱さを表現することは大きな力を生み出すと提唱し、こう述べています。

「ヴァルネラビリティ（訳注：傷つきやすさ、脆弱性《ぜいじゃく》）に接すると真実の声を聞いたと思えるし、勇気に触れたような気分になる。真実や勇気を示すのは必ずしも心地よいものではないが、けっして弱さを示すものでもない」

私も最近では、仕事で解決策が見いだせないときや、個人的に挑戦していることがうまくいかない場合、自分のダメなところを素直に伝えることにしています。たとえばこんなふうに言ってみましょう。

◎私にはわかりませんでした。みなさんはどう思う？
◎私の先日の発言に対して、お詫びを言わせてください
◎今半期の私の個人的な成長は……
◎申し訳ない、この件に関しては力になれないけれど、いい相談相手を紹介するよ

完璧でいようとせず、むしろ自分のありのままの姿を見せることで、部下との関係もさらによくなることがわかりました。

部下の力を200%引き出す言葉

ある日のこと。私は手がけていた製品のデザインについて、上司と話し合いをしていましたが、お互いの意見が一致せぬまま時間が過ぎていました。

彼の意見は「デザインが複雑すぎる」。

過去のフィードバックでくり返し言われていたことです。確かにそのとおりでした。私自身、製品をリリースするまでの期間が短すぎると感じていましたし、欲張って機能を加えすぎていることも自覚していました。それでも私は、機能を削ったり発表日を延期したりすることには納得できずにいました。

しばらく話し合った後、私は会議室の白い壁をぼんやり見つめ、考え込んでいました。上司はそんな私を黙ってしばらく見つめていましたが、やがて**「君はいいものを持っている。それを忘れちゃだめだよ」**と言ったのです。

あのときの彼のひと言がどれだけ私の助けになったか、言葉では表現できません。

この言葉が誰にとっても正しいというわけではありません。でも、私が大切にしていることを彼が信じてくれたおかげで、失っていた自信を少しだけ取り戻すことができました。それ以来、「私はいいものを持っている」という言葉を、何度も何度もつぶやいてきました。人は「いいこと」より「悪いこと」に目が行くものです。

それは人間が進化から得たメリットでもあります。たとえばあなたが古代人だったとして、住居である洞穴のまわりに危険がないか確認していたとします。

そんなあなたの目に入ったのが、のんびりと草を食むシカや風に揺れる葉っぱ――あるいはお腹をすかせたライオン。さあ、真っ先に気になるのはどれですか？

同様に、今日はサクサク仕事が進んだ、でも会議で大失敗した――そんな日の帰り道、頭の中を独占するのはどちらですか？

私は管理職なので、どうしても問題点のほうが気になります。いまいち物足りないデザインやスケジュールの遅れ、新たな採用が必要なチームの問題など。部下と話すといつでも「こうしたほうがよくなる」という話ばかりしがちです。

それでも、誰かが自分を褒めてくれたときのことを思い出せば、少し自信がよみがえり、またがんばろうという元気がわいてくるもの。

誰かが自分の努力やスキル、アドバイス、資質を認めてくれたとき、その言葉に真実味があり具体性があればあるほど、大きなモチベーションが生まれます。さらにその強みを活かすことで人は成功に近づきます。

マーカス・バッキンガムとドナルド・O・クリフトンの著書『さあ才能《じぶん》に目覚めよう』（日本経済新聞出版）と、トム・ラスの『さあ才能に目覚めよう　新版　ストレングス・ファインダー』（日本経済新聞出版）には、強みを生かすための秘訣が詳しく書かれていますので、ぜひ読んでみてください。

「時間」と「エネルギー」を割くべきこと

たとえば、あなたのチームの誰かがインターンの採用に積極的で、いい人材を見つけることに長けているのなら、その強みを生かしてインターンの監督役を任せたり、メンバーのコーチ役を引き受けてもらったりするのはどうでしょう。

チームの中に、いつもランチ会や社内のイベントごとを企画するのが上手なメンバーがいたら、会議の企画や運営を頼んでみるのもいいと思います。どちらのケースも部下の興味がある分野や強みを生かすことで、彼らが輝くチャンスをつくることにつながります。

「優れた管理職とそうでない管理職を分ける資質が1つある。それは部下1人ひとりの資質を見極め、活用できるかどうかだ」

そう述べているのは、さまざまな企業やリーダーを対象に研究を重ねてきた著名なビジネスコンサルタント、マーカス・バッキンガムです。彼はこう言います。

「管理職の仕事は、1人の特殊な才能を業績に変えることだ」


たとえば、あなたのチームには5人のメンバーがいるとします。

4人は業績を上げていますが、1人はそれほどでもない。

あなたは自分の時間とエネルギーの多くを費やして、この1人が抱えている問題を「解決」しようと考えるかもしれません。でも誰もが自分の強みを生かすべきだというのなら、残りの4人にも注意を払わなければなりません。

結果を出せないメンバーばかりに労力を使ってはいけません。何が問題なのかを判断し、対処し、できるだけスピーディに問題を解決しましょう。

仕事のできる部下は困っている様子を見せませんから、こちらから面倒を見なくてもいいし、手がかからないな、と思ってしまいがち。

でも、第1章のレモネード屋を思い出してください。

トビーはレモネードを1時間に30杯売り、ボブはわずか10杯しか売ることができないとします。店長であるあなたは、もっとボブにがんばってほしいと思うはず。

でも、トビーを指導して売り上げが1割アップすればレモネード3杯分に相当しますが、この3杯をボブに余計に売ってもらおうと思ったら、彼は33パーセント分の成果を上げなければならないわけです。それは相当難しいことです。

優れたCEOは、プロジェクトすべてが失敗しないように気を配るのではなく、有望なプロジェクトに的を絞り、人員や資源を投入し注意を払うことで、大きな業績を上げるもの。

優れた投資家も同じ。あれこれ投資して損失を出すより、可能性のあるスタートアップ企業に集中して投資を行うことで、数十億ドル規模の企業へと育てるほうがずっと価値ある方法だと知っています。

チームのスーパースターはあなたの手を必要としていないかもしれませんが、彼らを積極的に助けることで成功を後押しし、有能なリーダーとして育てれば、チームとしても得るものが大きいはずです。

「優秀なオオカミ」を野放しにしてはいけない

社内のあるチームに、突出した才能を持つ一匹狼がいました。

口を開けば嫌味ばかり言うものの、圧倒的に優秀なので、上司は彼を引き立てる。自分の意見に過剰な自信を持ち、誰かが反対意見を述べようものなら、その人が年下だったりすると、徹底的にこき下ろすのです。当然、チームの仲間は彼を避けることに。

なにしろチームに利益をもたらしながら、一方で災いを招く張本人でもある。彼の存在によって他のメンバーの業績が吸い取られてしまうからです。

スタンフォード大学教授のロバート・I・サットンは、ベストセラーとなった著書『チーム内の低劣人間をデリートせよ――クソ野郎撲滅法』（パンローリング）の中で、こうした人々を、自分より弱い存在をターゲットにし、劣等感を植えつける存在として解説しています。

ある社員は私に「彼と話していると、自分が無能なんじゃないかと思えてきます」と言いました。誰もがストレスを感じながら、我慢して彼とつき合っていたのです。

しかし、その才能ある〝クソ野郎〟がチームを離れるや否や、チームの雰囲気ががらりと変わったのです。そう、たとえ有能な人材を失ったとしても、チーム内に漂っていたウツウツとした霧は晴れるので、肩の力を抜いて仕事に励むことができる。最終的にはチームの業績もアップすることがわかりました。

もうひとつ、能力があり、かつ謙虚で親切な人は存在するということ。チーム内の協力体制を円滑にするためには、人材選びのハードルを上げていいですし、上げるべきだと思います。

いい人材はたくさんいます。**能力があるから性格に少々難があっても我慢しよう――などと考えてはいけません。**人を見る目をくもらせないでください。上司であるあなたにとってもチームにとっても、ふさわしい人材は必ずいます。

最後にもうひとつ。問題行動は絶対に許さないという文化をつくっておくと、〝クソ野郎〟もおとなしくなる可能性があります。健全な組織の文化をつくるためのヒントについては、第9章を参照してください。

「仲よしクラブ」の弊害

新米上司だったころの私は、みんなが仲よく働ける場を提供することこそ、自分の役割だと信じていました。

たとえば頭がよく、善良な2人がいたとして、双方の意見が合わなかった場合、それは単純な行き違いだから私があいだに入って2人の仲を取り持てばいい。そうすれば2人は手を取り合い、また輪になって一緒に働ける――そう思っていました。

ある部下が他のメンバーについて、自分の意見を聞こうとしないと相談してきたとき、私は「相手の視点に立ってみたら」とアドバイスしていました。

「おそらく彼女はあなたの意図がわかっていないよ。あなたも向こうの状況を把握していないでしょう。彼女と話し合ってみては？」

相手側のメンバーにも同じ話をしました。

「まずは彼に事情を説明してみて。相手の立場に立って、協力するべきでは？」

必ず着地点が見つかるはず――当時の私は固くそう信じていました。

しかし、どうもうまくいかないのです。

あるとき、他のチームの管理職が、私のチームの部下とは生産的な仕事ができないと訴えてきました。私はそんなはずはない、意見の不一致があっても必ず解決すると請け負いました。

その次の週、私は彼らの仲を取り持つために右往左往し続けました。他チームの管理職との4回目の話し合いのあと、彼は怒りを爆発させました。

「ズオさん（私のこと）は事態を収拾しようとしているけれど、自分の時間も、僕の時間も、部下の時間もムダにしているだけじゃないか！」

彼の言うとおりでした。私の部下と彼の部下は、働き方も価値観もまったく異なっていて、別々に仕事をしたほうが満足度も高かったのです。

四角い穴に丸い釘は打てない

ここ数年、チームの優秀な社員数人が「これまでと違ったことをしてみたい」と言って巣立っていきました。当初はそれを自分の失態だと思っていました。

なぜ、私の熱意と部下の価値観がズレてしまうのだろう？

しかし、しだいに見方が変わってきました。仕事に対する個人や組織の価値観は、仕事の満足度に大きな関係があるのだと理解できるようになりました。

仕事への適正やモチベーション、相性……仕事に求めるものは人それぞれ。

ただ、個人が求めるものは、チーム（会社）が求めるものでもなければいけません。双方の価値観が異なっている場合、自分の目標と現在の立ち位置に対してつねに違和感を覚えることになるでしょう。


個人とチームの価値観が一致しない場合、同じ組織内の別のチームに移れば問題が解決することもあります。新しい環境や新しい仕事が、自分のニーズとぴったり合うこともあるからです。それでもうまくいかないのは、個人と組織の相性が合わないのかもしれず、結局は会社を離れるのが一番の解決策かもしれません。

個人と会社の相性は恋愛と似ています。

誰もが手放しで褒める相手を紹介してもらった。人柄もよくて責任感もあるし、おもしろい、笑顔も素敵……。それなのに、いざつき合ってみると相性が合わない。

相手はスカイダイビングが大好きなのにあなたは高所恐怖症。

相手は出歩くのが好きではないけれど、あなたは世界中を旅して過ごしたい。でもそれでよし。単に相性が合わないというだけの話です。

新たな人材を採用する際、最近は志望者の能力の見極めに時間を費やすだけでなく、会社や私自身の価値観について、時間をかけて説明することにも力を入れています。たとえその志望者がどれほど優秀であろうとも、四角い穴に円形の釘《くぎ》を打つようなことはしないほうがいいのです。

また、仕事をする中で、ここは自分のいるべき場所ではないと気がついてしまったら、むしろ失敗ととらえずに、新たな気づきなのだと喜ぶべきです。

チームをバラバラにする「間違った優しさ」

管理職になったばかりのころの私は、なにをおいてもまずはメンバーの味方にならなくては、と思っていました。

彼らを支え、守り、話を聞く。日々の業務で困っていたり、モチベーションの低下に悩んでいたりしたら手を差し伸べる――しかし、私の努力はほとんど徒労に終わるのでした。「1on1」の面談を増やしても、プロジェクトの手助けをしても、話を聞いて励ましても、結局なにも変わらないのです。

部下が成果を上げられない理由については、これまでもお話ししてきたとおり、いくつかの理由があります。

「優れた成果」が、どういうものなのかわからない場合。

自分のやりたい仕事ではない場合。

自分が評価されていないと感じているとき。

スキルが十分でない場合。

あるいは、和を乱すような人間がまわりにいるとき。

単なる認識不足だったり、自分への評価がわからないと感じる場合は、率直な話し合いの場で解決できるものです。しかし自分の求めるものがチームの価値観と異なる場合は、話し合いでは解決できません。

たとえばある部下は――仮にFさんと呼びます――先端技術のデザインに情熱を燃やしていました。最新鋭のスマートフォンを使って独創性あふれる新たなサービスを提供したい、と試行を凝《こ》らしていました。

しかし「フェイスブック」のチームが手がけるプロダクトを使う世界何十億もの人々のうち、最新鋭のテクノロジーが使える環境に住んでいるのはほんのひと握り。

ネット環境が十分でない地域や、データ容量が少ない環境でスマホを使っている人もいます。できるだけ多くの人にサービスを利用してもらうためには、制約の中でデザインせざるをえないことも。

「実用的に欠ける」という理由から、斬新なコンセプトが却下されるたび、Fさんは自分とチームの価値観の違いにストレスを募らせていたようでした。

一方、仕事をする上での基礎的なスキルが足りないために仕事がこなせないケースもあります。こうした場合、たとえ優れたコーチに指導させても数カ月で1人前になるのは難しいもの。

私の部下だった女性——ここではSさんと呼びます——のデザインは緻密《ちみつ》でよく考えられていたものの、使い方が難しくて実用的とはいえませんでした。

また、彼女は自己管理が苦手で、納期に遅れたり引き受けたタスクを忘れたりすることがよくありました。

上司になったばかりの私は、FさんやSさんのようなタイプの部下をなんとかしようと全力を傾けていました。

ときには週の半分の時間を研修に使い、話し合ったり、成果を上げるために作業を手伝ったり。とはいえ、いったん改善したかと思えばすぐに元の状態に戻ってしまうのです。

自分の部下への対応の仕方を見直すようになったのは、私だけでなく彼らも苦労していると知ったときです。

私が指導していたある部下は、私の「助け」を受けると、ますます自分のダメさを自覚させられ、自分の動きすべてを私に見張られているような気持ちになったと言います。

一方、チームの他のメンバーは事態が改善するのをイライラしながら待っていました。仕事ができないメンバーがいると、自分の仕事にも影響がおよぶからです。

この仕事を続けていても彼らが成功することはない——そう思ったら、率直に事実を伝え、彼らがよりよい職場に移れるようサポートするのが、あなたにとって最善の方法です。

「ゼネラル・エレクトリック（GE）」のCEOを長年務めたジャック・ウェルチは、能力の低い人間を庇護《ひご》しても傷を深くするだけであり、上司はいつか決断を下さざるをえないときがくる、と述べています。

「残忍さと『間違った優しさ』は人を成長させず成功させない。キャリアが十分でない人間に『君はここにいるべきではない』と告げるのは残酷なことではない」

こうした場合、2つの選択肢があります。同じ組織の中で彼らに合った役割を探す手助けをすること、あるいは組織から去ってもらうことです。

ひとつ目の選択肢は、なにをおいても必ず考慮すべきです。

たとえあなたのチームから離脱しても、組織の中で彼らの関心やスキルに合うポストがあれば、彼らにとっても会社にとっても大きな利益になるからです。

先述の、尖《とが》ったデザインが得意だったFさんはその後、最先端テクノロジーに特化したチームに参加し、新たな活躍の場を得ています。

もうひとつの選択肢については慎重さが必要です。

人を解雇するのはけっして心地よいことではありません。たとえその選択が部下本人にも会社にもベストな選択だとしても、勇気がいることです。

だからといってスキル不足の部下や、迷惑な行為をする部下を、たらい回しにするようなことがあってはいけません。

まずは自分に尋ねてみてください。彼あるいは彼女が会社をすでに去っているとして、自分が知っているありのままの彼らを、他の会社の人にも推薦できますか？

先ほどお話しした、スケジュール管理が得意でなかったSさんは、会社のどの部署に異動したとしても成功しなかったと私は思っています。

誰かを解雇すると決めたら、くれぐれも丁重に、かつ明確に話をしてください。そして彼らの責任ではないとしっかり念を押してください。たまたまあなたのチーム内でうまくいかなかっただけのことで、彼らに責任があるわけではありません。

私はプロダクトデザイン・マネジャーだった友人、ロビン・モリスの名ぜりふをよく思い出します。

「彼らの上司になるべきなのは君じゃなくて、別の人なのかもしれない」

そう、あなたは重大な決断を下したけれど、それは彼らのスキルがチームのニーズに合わなかったから、あるいは相性のよくないプロジェクトを押しつけてしまったからかもしれません。こうしたときに思いやりをもって接することができるのは、人間関係が双方向的であることの証拠です。

決めたことについては思いやりをもって対処し、終わったことについては引きずらず、将来を見据《す》えて行動してください。

今後のキャリアで最良の道を選べるよう、部下の手助けをしてあげましょう。あなた自身も優れた上司になるために、これまでの経験を活かしてください。

優れた上司は、優れたコーチでもあるのですから。

第 4 章

フィードバックが「爆発的成長」をもたらす

「このミス、わざとやってるんですか？」

これまで受けた中で最悪のフィードバックといえば、元インターン、ドリュー・ハムリンからのメールでしょう。

彼はまだ大学生でありながら、デザインチームが手がけたデザインについての感想を、定期的に、しかも躊躇《ちゅうちょ》なく送ってくるのです。

あるとき、スクリーン上のエレメントの配置のずれを指摘してきたときには「これって、わざとやってるんですか？」と書き添えてありました。

彼に悪意はなく、むしろ熱意あっての行動だと十分承知していたものの、彼のメールは、「グサッと相手を傷つけるフィードバック」の見本として私の記憶に刻まれました。

とはいえ私たちは彼の言動を深刻にとらえることはなく、それどころかその熱心さと積極性を買い、彼の卒業を待ってインターンに採用。数年後、彼は愛すべき管理職へと成長しました。

しかもその後、「フェイスブック」の人事評価システムを考案した1人となったのですから、人はどこでどう変わるかわからないものです。もっとも彼は「史上最悪のご意見番」として今でも冷やかされていますが。

一方、最高のフィードバックは元部下のロビンの言葉でした。

上司からどんなサポートが欲しいか尋ねたとき、彼はゆっくり深呼吸してから切り出しました。

「そうですね……。自分がいい仕事をしているときは、上司も自分を認めてくれていると感じるし、いい関係を築けていると思えます。逆にうまくいかないときは、上司の目が厳しく感じられるし、信用されていないように思えるんです」

彼はそう言ってから、私の気持ちを害さないように、でもはっきりと、以前私に言われた言葉をいくつかあげました。それは、マネジメントに対する私の見方を大きく変えるきっかけになりました。

残念ながらフィードバックに苦手意識を持つ人は多いもの。役に立つアドバイスをする自信がないという人もいれば、厳しいことを言えば相手が傷つくと、ためらう人もいるようです。

必要ないことを話すのは意味がない。なんとか意見をひねり出したところで「あいまいすぎて何を求められているのかわからない」「感情的で客観性に欠ける」と受け取られる場合もある。新米上司がぶつかりがちな悩みなのもわかります。

とはいえ、フィードバックはマネジメントの根幹を成す仕事。絶対に避けて通れない重要な業務です。

たったひと言が結果を左右する

あなたがこれまで受けたフィードバックで、もっとも印象深いものはどんなものですか？

おそらくその言葉があなたの行動を変え、スキルを伸ばすきっかけになったはずです。

私が管理職として成長したのも、長年私の同僚であったロビン・モリスとの会話が、自分の意識を変えたからに他なりません。

そもそも「フィードバック」とは何でしょうか。

管理職になりたてのころの私は、フィードバックを「進歩への提言」ととらえていました。

デザインについてのアドバイスがそのいい例。問題点を特定し、解決の手がかりを与えられれば成功と考えていたのです。

しかし、それはとても狭い見方でした。なにか問題があるから行うというものでもありませんし、その奥にはより多くの可能性が広がっています。

ここでは、まず「フィードバックの基本」を4つにまとめて紹介します。

フィードバックの基本① 目標は明確に

たとえばあなたがスポーツジムに通っていて、より効果的なトレーニング方法を学ぶために専属トレーナーを雇ったとします。彼は説明もそこそこに、いきなり腕立て伏せをやれと言うでしょうか。

もちろん「ノー」です。まず彼はあなたに目標を尋ね（筋肉をつけたいのか、やせたいのか、やせるとしたら何キロくらいか……）、どのマシンをどう使えば最大限の効果を得られるのか、手ほどきします。

これまでの経験を踏まえ、あなたにとってベストなアドバイスをしてもらえるのがいいですね。

フィードバックというと、プロジェクト終了後に行うものと思われがちですが、開始前にも行います。

業務の内容や期限にかかわらず、まずはゴールを設定し、想定される問題をリストアップし、今後の仕事が建設的なものになるよう基礎をつくっておきます。

これは仕事の地図のようなもの。地図があれば、どの道を歩けばいいかわかりますし、人に道を聞く必要もありません。

プロジェクト前に行うフィードバックでは、次の点を確認しましょう。

○部下にとって「優れた仕事」とは何か。「平均的な仕事／質の悪い仕事」とどう違うか
○プロジェクトを始めるにあたり、注意する点は何か
○ミスの原因になる落とし穴は何か

《こう言ってみよう》

「勤務開始から3カ月間は、まずはチームのみんなといい関係を保つよう心がけてください。最初は初心者向けの小さなプロジェクトをお願いすることになります。

最初のデザイン案はチーム内でくり返しチェックしてもらうこと。すぐにゴーサインが

出るような案はなかなかないかもしれませんが、うまくいけばたいしたものです」

「次の会議では、次のような点に留意してください。

選択肢をいくつか考えておくこと。

各自が自分の視点でしっかり説明できるよう努めること。

方針を必ず決めること」

フィードバックの基本② スピーディに、頻繁に

作業が終わるごとにフィードバックを行います。

たとえば部下があるデータの分析を提出したら、よかった点と改善すべき点を伝えます。できるだけ具体的に、わかりやすく伝えてください。

仕事のフィードバックは日々の業務上のアドバイスが目的であり、人物評価ではないので、比較的気楽に行えるはずです。どこから始めていいのかとまどっている人は、まずは業務に的《まと》を絞ってみることをおすすめします。

仕事のフィードバックは記憶が新しいうちに行うと効果的なので、なるべくすぐに。

年次大会などの大きな業務は別として、基本的には業務が終了したその日のうちにメールやチャットで評価を送れば、１ｏｎ１のフィードバックと同等の効果が得られます。

これをごく気軽な習慣にすることで、部下も毎日何かを学ぶことができますし、あなたもその過程を見守ることができます。

《こう言ってみよう》

「昨日のレポート、とてもよかったよ。〇〇さんの気づいたことは、とても重要な点だったし、簡潔にまとめてもらえてわかりやすかった。他社製品についての考察も、役に立ったね」

（朝の会議でのプレゼンに関する感想をメールで）「結論にいたるまでのプロセスについて触れていなかったことが気になりました。はたしてそれが最良の選択だったのか把握するには材料不足かもしれません。プレゼンの時間をもう数分長くしてもかまわないので、次回は決定するまでの過程や、別の選択肢について説明をしてもらえませんか」

フィードバックの基本③　相手の行動については敬意を払いながら、定期的に

フィードバックを継続する中で浮かび上がってきた部下の特徴は何ですか？

決断は早いか遅いか。

プロセス重視か結果重視か。

理想主義かそれとも現実主義か。

行動のパターンをたどることで、部下の強みや改善すべき点が見えてきます。

行動のフィードバックは、仕事のフィードバックでは網羅しきれない、個人的な部分を指摘できる機会です。彼らの行動パターンを示すことで、個性や人間性、仕事に影響をおよぼす習慣について認識させることができます。

部下の行動について言及するということは、自分が相手をどう見ているか伝えることですが、それゆえに言葉は慎重に選び、なぜそう感じたのか、具体的な例をあげて説明しましょう。

おすすめしたいのは１ｏｎ１のフィードバック。部下は上司に質問できますし、双方向の論議ができます。

自分の視点と他人の視点は異なるがゆえに、部下からは個人的なことに踏み込まれたと、警戒される恐れがあります。とはいえ、うまく話すことができれば部下にとっては自分を振り返る手がかりになりますし、どうすればパフォーマンスを高められるか考えるきっかけになります。

《こう言ってみよう》

「業務についての質問を受けたときの○○さんは、ちょっと身構えているような印象を受けるよね。先日、別のチームの人が○○さんの仕事について尋ねたときも、『とりあえず私を信用して言われたことをやってほしい』と言っていたけど、そういう言い方をしてしまうと、彼女のアイデアを突っぱねてしまうかもしれない」

「リクルーターとしての君の能力は素晴らしいね。採用に応募してきた人たちも、君と会話をしたあとは仕事へのイメージが大きく変化した——と言っていたよ。人材の見きわめもよくできていると思う。1年前、君のおかげで優秀なエンジニアであるYさんを採用できたけれど、現在の彼の活躍ぶりは、リクルーターである君の大きな功績だよ」

フィードバックの基本④　「360度評価」を最大限に活用する

「360度評価」は、人事評価の中でも上司や同僚、部下など複数の視点を通して行う、信頼性や客観性に長けた評価です。

たとえば部下がブレインストーミングセッションの進行役を務める際、出席者に彼の仕事ぶりを評価してもらい、そこに自身の評価を加えれば「360度評価」になります。年次の人事評価でも、同僚からの行動のフィードバックを加えれば、あなた1人で行うフィードバックよりも信頼性がアップします。

多くの企業では年に数回、360度評価を実施しています。企業が採用していないのなら独自で行ってみてはどうでしょう。

私は4半期に1回、360度評価を行っています。たとえば部下Aさんを対象に評価を行うと決めたら、彼の仕事仲間数人にメールを送付し、彼の優れている点、努力すべき点や改善すべき点、慎むべき行動をあげてもらうよう依頼するのです。

精密度の高い360度評価は、評価の取りまとめに時間がかかることから、年に数回程度が限度です。

《こう言ってみよう》

「君のおかげで予算不足の危機を回避できたと、同僚が褒めていたよ。困難な状況の中で、これだけの成果を上げるのは難しいことなのに、よくやったな。冷静な態度や相手の話を聞く姿勢、論議を合理的にまとめる能力も、チームに役立っていると思う」

「『360度評価』の結果で一番顕著なのは、○○さんの計画に綿密さが足りないという意見でした。○○さんがつくった提案書に記載漏れがあって、見積もりに誤差が生じたことがありましたね？　この手の小さなミスが過去にもあったようだけれど、今のままだとチームの信頼性を損ねることになりますから、気をつけてくださいね」

効果が高いフィードバックの「土壌づくり」

かなり以前のことになりますが、私の上司と話をしていたときのことです。

彼女に「チームの調子はどう？」となにげなく尋ねられたので、私は「みんながんばっています」と答えてから「1人を除いては」とつけ加えました（ここではその1人をAさんと呼びます）。

「え、どうしたの、彼？」と上司。

Aさんはあるプロジェクトのデザイン案を提出したのですが、それはひどく的外れな内容でした。その後3度にわたって打ち合わせをしたにもかかわらず、なかなか期待どおりの案が上がってきません。エンジニアたちはしびれを切らすし、他のデザイナーたちは「なぜ言われたとおりにやらないんだ？」と不思議がっていました。

「結局うまくいったの？」と上司に聞かれたので、私は一瞬ためらってから「……いいえ」

と答えました。

「あなた、このデザインじゃダメだって本人にはっきり言ったの？」

「ええと、そうですね……」私の声が消え入りそうになります。

会社主体で行う「360度評価」を1カ月半後に控えていたので、そのとき話せばいいと思っていました。しかし、自分の考えはどうやら甘かったようです。

「自分の仕事が期待値に達してないことを、会社の人事評価で初めて知らされるっていうのは、まずいと思うわ」

上司によれば、360度評価はあくまでも過去半年間の成果に対する評価であり、彼の仕事ぶりがつねに期待を下回っているというのなら、すぐにでも話し合わなければ——ということでした。

彼女の言うとおりです。来月の評価でいきなり宣告を受けるようなことになれば、ショックを受けるか、ひそかに怒りを向けられるかでしょう。次の3つのどれを言われても、私は窮地《きゅうち》におちいることになります。

1 「評価は公正さを欠いている。僕の仕事がそれほど問題ならば、なぜ今まで言わなかったのですか？　何かの間違いでは？」

2「評価は公正かもしれないが、マネジャーは怠慢だった。ここにいたるまで僕の仕事をフォローしていなかったのだから」

3「評価は公正。でも、直属の上司は過去のフィードバックで指摘してくれなかった。改善したくてもできるわけがない」

あわてた私はAさんにデザインの評価を伝え、なんとか軌道修正をすることができました。

次に紹介する3つの例は、今後の展望や期待値をあらかじめ伝えておくことで、相手の失望を回避できるケースです。

トラブル対策① 部下が昇進を希望している

半年以内に昇進する可能性が極めて低いにもかかわらず、それを本人に伝えない場合、ムダな期待をさせた上にガッカリさせるという展開が待っています。

そうした事態を避けるためにも、まずは彼らに話をしましょう。「昇進を希望しているのはわかっているけれど、私が見るかぎりこのままでは……」と切り出し、状況を説明してから、キャリアを応援したいという意志を伝えるのです。

昇進の判断基準について詳しく説明し、その後の3カ月間は頻繁にフィードバックを実施し、昇進に見合うだけの成果が上がっているか伝えてください。現実を把握することで、彼らも冷静になるはずです。

トラブル対策② 部下に重要なプロジェクトを任せている

部下にプロジェクトを任せている場合、その重要性が高ければ高いほど進捗状況が気になります。とはいうものの、ことあるごとに様子をうかがったり口を出したりすれば部下の士気が下がりますし、またなにか言われるのではと仕事に集中できなくなります。とはいえ、上司はなるべく早く経過を確認し、フィードバックしたいと考えるもの。方向性がずれていたら、一刻も早い軌道修正が必要です。

こうした不安を解消するために、プロジェクトの目標についてあらかじめ部下と話し合っておくことが大切です。

上司として業務に関与する意向を伝え、週に2回ほど進捗を確認し、問題点を話し合う予定であることも説明しましょう。決定事項の分担についても決めておく必要があります。

なおプロジェクト進行中に、前触れなくいきなり軌道修正を指示するとチームの反感を買うので要注意（「グーグル」社内ではそうした行為を「クソ投下」と呼んでいるそう）。自分のアイデアや姿勢を積極的に伝えるだけなら問題はないと思います。

トラブル対策③　チームがスケジュールを勝手に変更する

たとえば、自分が率いるチームが10月のリリースに向けて商品を開発していたとします。ところが7月の時点でそれが難しいと判明した場合、即座に報告を受けるのと土壇場まで知らされないのと、どちらを選びますか？

誰だって早く報告を受けたいに決まっています。なぜもっと早く言ってくれなかったのかと思うはず。部下の気が回らなかったのか、それとも上司である自分をピンチにおとしいれるつもりかと、不信感を抱いても無理はありません。

7月に報告があれば、人手を増やしたり商品の仕様を変更したりして、間に合わせることもできたでしょう。あるいは発売の延期を調整できたかもしれません。

一方で、メンバーが「10月に間に合いそうにありません」と直接伝えてこないのは、まだ巻き返せると踏んでいたのかもしれないし、大事になるのを避けようとしているのかもしれません。しかしいずれにせよ、それまでにどんな問題でも安心して報告できるような土壌をつくっていれば、部下もためらいなく事実を告げることができたでしょう。

完璧を期すのは難しいことです。

人間なら失敗もすれば締め切りも破るし、間違いも犯す。それは当然のことです。しかし問題が生じたら早急に対策を講じ、スマートにミスを挽回《ばんかい》したいもの。リーダーとして成熟した手腕を披露し、問題回避の見本を示してください。

仕事の意思決定をめぐって部下にひどく失望したり、自分自身が部下を失望させたりした場合、どの時点で見解の相違が生じたのか、今後どうすれば予防できるか、検証してください。

改善されないときはどうするか

私の部下にコミュニケーション下手な男性がいました（ここでは彼をGさんと呼びます）。彼の話は冗長で筋がわかりにくいのが特徴でした。プレゼンをしても話の論点がずれていくので、みんながぽかんとした顔をするのです。「簡潔に説明して」と頼んでも、そこから5分間は話が続きます。

そこで私は彼を呼び、「プレゼンは、もっとわかりやすくまとめてほしい」とアドバイスし、彼は納得したようにうなずきました。

ところが数週間後、彼の話し方は改善されるどころか、さらにわかりづらいものになっていました。30分間のプレゼン中、ひとつひとつの事例をあまりにも詳細に解説するので、話の趣旨がわからなくなってしまうのです。私は途方に暮れました。

そこで私はなぜ言ったとおりにしないのかと尋ねました。彼は驚いた顔で「わかりやすくしたつもりですけど……」と口を尖らせました。まず概要を紹介してから、ひとつひとつ順を追ってお話ししたじゃないですか――と。

やっと事情が呑み込めました。たしかにGさんは私の言ったことを忠実に聞いていました。しかし、彼は自分の話し方が問題なのだと理解できていなかったのです。私は言うべきことを言ったと考えていましたが、彼に変化が見られないのならなんの意味もありません。

部下には期待もしますし、自分の強みを生かして成果を上げてほしい、難しい問題も解決してほしい――そう願うのはいいのですが、同時に、自分のフィードバックは効果があったのか、部下の行動は改善されたのか、冷静に観察しなければなりません。

フィードバックの反省点① 頻度は十分か？

私はこれまで部下から上司に寄せられた数多くの要望を読んできましたが、「上司にどんなサポートをしてほしいか」という質問に対して圧倒的に多い回答が「もっとフィードバックが欲しい」というものでした。

フィードバックの〝内容〟について悩むのは二の次。まずは自分が話をする頻度は十分だったか振り返り、これまで以上に頻繁に心がけてみてください。

プロジェクトへの取り組み方や顧客とのやりとり、契約交渉や会議での発言など、部下のさまざまな行動を観察した上で評価を行います。ここで大切なのは、彼らにとって価値あるフィードバックが何なのか考えることです。

まずはフィードバックの半分を肯定的な内容にすることが大切。

たとえば「○○さんは観察力に優れているね」とか「同僚への共感性が高いね」など、同僚からの好意的な意見も積極的に加えます。

改善点などがある場合は、たとえ些細《ささい》なことであっても「会議ではよく発言してくれているけれど、説明がもっと明瞭になるといいね。たとえば……」というように、具体的な例をあげると効果的です。

仕事のフィードバックについては、成果だけではなく資質や能力について言及することも大切です。

部下から寄せられた要望で2番目に多いのが「能力やキャリアに関するフィードバックも欲しい」というものでした。私が知る管理職に、みずからも一流のデザイナーでありながら、部門長として多くの部下を持つ人がいました。

デザインの見本をパッと見ただけで「アイコンの間のスペースを2ピクセル分詰めて」と、的確な指示ができるぐらい鋭い感覚の持ち主で、部下も彼を慕っていました。

けれども部下が寄せた要望には「自分がどれだけ進歩したのか知りたい」あるいは「自分のキャリアのゴールについて、そこへいたるまでの経緯についてアドバイスが欲しい」と書かれていたそうです。業績だけでなく、一個人として見てほしいという気持ちが、部下にはあるのです。

フィードバックの頻度が少ないと感じたときに私が実践していたのが1on1の面談です。月に1回ほど場を設け、今後の方向性について話すことをおすすめします。

フィードバックの反省点② 部下は内容を理解しているか？

以前、チームにEさんという部下がいました。同僚たちに比べて彼女はやる気に欠け、プロジェクトものんびりこなしていました。昼休みは決められた時間より長めにとるし、席に着いても仕事そっちのけで自分の用事をすませているようでした。

彼女の業績の低さについて、一度しっかり話をしておくべきだと思った私は、準備に1週間もかけ、ていねいに、かつ毅然《きぜん》と彼女に改善すべき点を伝えました。

話し合いを終え、彼女が部屋から出ていくのを見送ったときには、少しホッとしました。

しかし数日後、別の部下がやって来て「Eさんのことで話がある」と言います。

「まさかそんなはずはないと思ったのですが」と前置きしてから「『ズオさんが私の行動を細かく管理するので困っている』ってEさんが言うんです。昼休みを取らずインターネットも使わず、仕事に専念しろと命令されたって」

「え〜⁉　なぜそうなるの？」とびっくりしました。

たしかにモチベーションのなさの表れとして昼休みや私用の話はしました。でも私が本当に言いたかったのは彼女の生産性の低さです。

短時間でも成果を上げているのなら、そんな話はしませんし、逆に人の倍の時間働いているにもかかわらず業績が上がらないのなら、それはそれで心配したでしょう。

まるで伝言ゲームのように、自分はわかりやすく説明しているつもりでも、実際は言葉が過ぎたり足らなかったり、あるいは誤ったボディランゲージで誤解を招く場合もあります。そこに聞き手の思い込み——過去の経験がもたらす先入観——が加わり、まったく違った意味合いで伝わってしまうのですね。

スタンフォード大学経営大学院で教鞭をとるエド・バティスタは、上司からのフィードバックがうまく機能しないのは、受け手がフィードバックを脅威と感じることでアドレナリンが刺激され、闘争・逃走反応（訳注：人間が脅威に接した際に感じる「戦うか、逃げるか」という心理的反応のこと）が生じるからだと述べています。

「上司からなにか言われると、聞き手の心拍数と血圧はほぼ間違いなく上昇する。これにより脳や神経が連鎖的に反応し、複雑な情報を処理したり理性的に考えたりする能力が低下する。話し手の見解を理解したり、学んだりすることができなくなる」

フィードバックの内容を理解させるためには、「〇〇さんのことを大切に思い、仕事で成功してほしいからアドバイスするのだ」ということをきちんと伝えましょう。

正義感や非難、怒りや焦りといったネガティブな気持ちを少しでも部下に見せてしまうと、相手は正しいメッセージを受け取ることができなくなります。

ポジティブなフィードバックが効果的とされる理由はここにあります。保育士や保育園教諭、ペットの専門家は、叱るより褒めたほうが効果は高いことをよくわかっています。**「がんばっているね」というたったひと言が、人を変える**のです。

ダメな部下には、脅かし、厳しい言葉でやらせないといけない、と思う上司が多いようですが、それとは比較になりません。

万が一、批判的なことを伝える場合は、相手の視点を共有し理解したい、という気持ちをしっかりと示してください。

簡単な方法としては、まず要点を率直に述べたあと「私が言ったことに同意してもらえますか？　もし、できないとしたらなぜですか？」というところまで確認します。

部下が「はい」という返事をした場合、彼らは意見を受け止め、自身と向き合い、反省モードに入ることができます。

たとえ「いいえ」と言われてもＯＫ。なぜそう思うのか話し合うことで、効果が上がるからです。

部下が自分の話を理解したか確認するための手段がいくつかあります。

たとえば最後に、こんなふうに言ってみましょう。

「じゃあ、お互いの認識が一致したかどうか確認していいかな。今の○○さんの考えと、今後どうしていくかの方針を教えてほしい」

話し合ったことの要旨をまとめ、メールするのも効果的です。文書化することで、要点が頭に入りやすくなりますし、読み直すこともできます。


もうひとつの効果的な方法は、一度言ったことだからとあきらめず、何度もくり返し伝えることです。

たとえば「1on1ミーティング」の回数を重ね、改善が難しい点について話し合いを重ねてみるやり方。

あるいは、第三者からの視点も大きな影響力があるため、部下に対する意見を他の部下からも聞いた場合、「今の意見を、本人に直接伝えてくれないか」と頼んでみましょう。

上司から言われるより、同僚が伝えることで効果が倍増し、より明確に伝わるようです。

フィードバックの反省点③　効果は出ているか？

先述の「話の長い」Gさんは、言われたことを受け入れたものの、ポイントを見誤ったため、うまくいきませんでした。では、どう伝えれば効果が高くなったのでしょうか。

《1内容はできるだけ具体的に》

「Gさんのプレゼンは内容が複雑で、理解するのに時間がかかりました」と伝えたとき、私は「複雑」という言葉が何を意味するのかわかるだろうと思っていました。

ひとつの単語をめぐってこれだけ誤解が生じるのです。たいていの上司の言葉はあいまいです。次のように、できるだけ具体的に指摘すること。

「先日のプレゼンで目標を7つあげていたね。

でも、7つもあると聞き手は混乱するだろうし、優先順位もあいまいになるから、**ひとつか2つに絞ってくれないかな？**」

「プレゼンの終わりに3つ方向性を提示してくれたけれど、それらに対する**意見や、メリットとデメリットについての説明がなかったね**。聴いていた人はどれを選ぶべきかわからなくて悩んでいたようだよ」

《2目標を具象化する》

具体的で聞きやすくわかりやすいフィードバックも、目標に対する青写真が語られなければ十分とはいえません。

数年前、あるデザインについてみんなで検討していたとき、管理職のCさんが、紙に描かれた「入力フォーム」のスケッチを見て「少し重すぎるよね」と言いました。

デザイナーの1人が「プルダウンメニューの斜線の色を青からグレーに替え、斜線の間隔を広げたらどうか」と提案しました。「軽く、すっきり見えるのでは?」

Cさんはしばらく考え込んでいましたが、「ディズニーランドのアトラクションの列を思い出してみてよ」と切り出しました。「長い列だとうんざりするけれど、短い列だったらいくつ並んでいてもそれほど圧倒されない。その方法でやってみよう」

一瞬にして皆の頭にイメージが浮かびました。プルダウンメニューの横の長さを短く、縦に長くするというCさんの意見を採用したことで、見た目の軽さが実現したのです。

《3次のステップについてアドバイスする》

部下にやってもらいたいことがあるときに、もっとも手っ取り早いのは、上司が自分の考えを明らかにすること。とはいえ、それが命令なのか単なる提案なのか、はっきりさせる必要があります。

干渉しすぎるのもよくありません。指示待ちの体制ができあがり、部下が自力で問題を解決する力を奪います。1歩下がって「次はどんなアクションを取るべきだと思う？」と尋ね、議論のきっかけをつくる程度にしておきましょう。

「それでは、今日の報告に沿って動いてみてくれる？

木曜日に結果を聞かせてください」

「次のプレゼンでは『3つのルール』を守ってほしいんだ。

目標を列記するのはスライド1枚につき3つまで。

項目も箇条書きも3つまで。それ以上は見づらくなると思う」

「これまでの論議を前提として考えた場合、次はどうするべきだと思いますか？」

言いにくいことを伝えるテクニック

部下に苦言を呈することも悪い知らせを伝えることも、上司にとっては重要かつ、おろそかにできない役割のひとつです。話の切り出し方も、言葉づかいやトーンを変え、さらにボディランゲージも加われば、印象はまるで変わってきます。

1「とんでもないヘマじゃないか！　使えないな！　どうしてくれるんだ？」
2「おまえの仕事はひどい。これからどうするつもりなのか、話を聞かせてくれ」
3「最近、仕事の質が低下しているように思うけど、ちょっと話を聞かせてくれないか」
4「最近もらった報告書は、どれも考察が不十分で焦点がぼやけていた。その理由と対策を話し合わないか」
5「最近の仕事について質問があるんだけど――ちょっと説明してもらえるかな」

1は、常識的に考えて絶対にタブーです。「ヘマ」などという言葉を使って相手を責めても、まったくメリットはありません。また苦言を呈する対象はあくまでも仕事の内容にしてください。もし、人格を否定するような発言をすれば相手は身がまえます。あなたを脅威とみなし、言い訳を考え始め、なにを言っても耳を傾ける余裕がなくなります。

2は、人格については言及していないものの、表現がきつすぎます。上司は裁判官ではないのですから、相手の非を一方的に断罪し、責任を押しつけてはいけません。

そもそも**1**も**2**も、普通ならまず言わないフレーズ。とはいえ感情的になったり取り乱したりすれば、思わず口から出てしまう人がいるかもしれません。

こうした失敗を防ぐためにはどうすればいいのでしょうか。

もし冷静さを保てない状態なら、そのときは人と話をしないこと。深呼吸して「後にしよう」と心の中でつぶやき、その場を物理的に離れてください。

5は、話を切り出すには便利なフレーズです（私も以前、言い出しにくい話をするときによく使っていました）。

しかし、この言い方は要注意。「質問」という言葉を用いるのは、部下を不安にさせたくないという気持ちがあるか、あるいは自分の意見が１００％正しいという自信がないからでしょう。

自分の本心を〝質問〟というオブラートで包んでしまうと、なにかを隠しているととらえられ、肝心のことが伝わらず、その結果、問題が解決されない可能性につながります。

まずは率直に、冷静に切り出すことを心がけてください。問題だと思う点とその理由を伝え、今後どう改善に向けて協力していくか提言します。

ちなみに**3**と**4**は問題点を指摘しているものの、**4**は問題の核心に直截《ちょくせつ》切り込みすぎていることから、話の前置きとしてはやや厳しい印象を受けます。

たとえば、こんなふうに言ってみましょう。

「〇〇さんの行動を見ていて、気がかりに思うことがあるんです。つまり……」
「この問題をどう解決すべきか、〇〇さんの見解を聞いて話し合いたいんです」

くれぐれも前置きは短く。たとえ厳しい意見でも遠回しに言ったり言いつくろったりしないでください。

私が新米上司だったころ、「厳しい意見は褒め言葉にはさんで、サンドイッチにする」というアドバイスを本で読んだことがあります。

まずはポジティブなことを言い、次に改善点に触れ、最後は明るく励ましの言葉で締める――というやり方です。

実際のところ、**フィードバックに関しては「サンドイッチ方式」は効果的でない**と思います。厳しいメッセージを和らげるために表面的に褒めそやすのは誠意がありませんし、本当に伝えたいことがぼやけてしまう恐れがあります。

たとえば、部下の私用電話をいさめるには、Ⓐと Ⓑ、どちらの言い方が効果的だと思いますか？

Ⓐ「この前の会議、予算編成についての○○さんの意見はクリアでとてもよかったよ。ところで会議中の私用退出だけど、次回は控えてくれないかな？ みんなの気が散るだろうし。とはいえ、君が提示した方向性はよく考えられていたね」

Ⓑ「先日の会議中に退出して電話しているのを見かけたけど、今後はやめてくれないかな？ 会議に集中する必要はないという雰囲気をつくってしまいがちだからね」

一生の財産になるもの

ある決定が部下にとっては悪いニュースになる場合もあります。

たとえば望んでいた役職を他の同僚に任せることにした場合や、プロジェクトの担当から外す場合など、こういったときもまずは本題を切り出してください。

「プロジェクトのリーダーは、(〇〇さん以外の) 他のメンバーにやってもらうことにしました」

悪いニュースを伝えるときは、逃げ腰にならず毅然とした態度を貫くこと。

私は「部下に嫌われたくない」という気持ちを捨てられず、これまで何度も失敗していいます。たとえば部下に言いづらいことを伝える場合、相談を持ちかけるふうを装っていました。

「例のプロジェクトの件だけど、〇〇さん(相手の部下)は他に2つもプロジェクトを抱えているでしょ? だから今回のリーダー役は別のメンバーに任せたほうがいいと思うんだけど、どう？」

とはいえ部下がなにを言っても決定をくつがえすつもりはなかったのですから、この言葉は偽善以外の何物でもありません。

部下が「いえ、大丈夫です。できます」と反論し、自分がその仕事にふさわしい理由を山ほどあげてきたりしたら、どうするのでしょう。こちらは言い訳を必死にひねり出すことになり、その結果、相手に「自分の話を聞いてもらえなかった」という印象を抱かせることになるでしょう。

上司が決めたことに部下が同意しない場合もありますが、それはやむを得ないことです。覚えておくべきなのは、決定権はあなたにあること。そして、チームの業績に対して責任を持つのも、チームが進むべき道について確かな情報や視点を持つのも上司であるあなたなのです。

皆の合意を経たうえで意思決定を行うのは、誰の気持ちも損《そこ》ねることはありませんし、自分が心理的な責任を取らなくてよいので、気が楽です。

しかし本来、影響力をもつリーダーというのは、**反対意見には敬意を払いながら、「みなさんが賛成していないのは承知しています。でも、このプロジェクトを成功させるために力を貸してほしい」と協力を仰ぎ、信じる道を進むもの**です。

私はこれまで非常に言いにくいことを言わなければならない局面にも接しましたが、わかったことがひとつあります。

それは「人はけっして、弱いだけの存在ではない」ということ。これまで私に対して「私はナイーブなので、どうか厳しくしないでください」と頼んできた部下は皆無でした。

みんな、上司にはどう思うか正直に教えてほしいと訴え、たとえ、踏まれても花を咲かそうと一生懸命変化を求めます。率直な話し合いこそ相手を尊重する証しです。

「フェイスブック」では「フィードバックは宝」と書かれたポスターが社内のありとあらゆる場所に張ってあります。

時間も労力も必要だけど必ず成長できる――それが目指すべき目標だと考えてください。

第 5 章

自分をマネジメントできる人だけが、達成できること

キャリアの「最大の転機」

第1子出産後、私は3カ月の育児休暇を経て職場に復帰しました。

これといった準備もせぬままバタバタと仕事を再開。数週間もたつと、日常生活のあらゆることすべてが自分にのしかかり、身動きが取れなくなりました。

家にいると仕事のことを考えてしまうし、会社にいれば子どものことが頭から離れない。集中力も持続できず、それもストレスになって毎日泣いてばかりでした。

自分はただの無能としか思えない――そう思った私は上司に「エグゼクティブ・コーチング」（訳注：会社の経営者や幹部を対象とした、リーダーシップ強化や戦略実現を図るコーチング）を受けたいと相談しました。

はじめてコーチと会った日、私は開口一番「すべてをまともに戻したいんです」と訴えました。人手が足りない。部下が別の仕事をしたいと言っている。ある商品の戦略にどうしても納得がいかない……私は一気に悩みを吐き出しました。

静かに聞いていたコーチは、私が話を終えると「わかりました。そういったことは後にして、まずはあなた自身の話を聞かせてください」と言うのです。

えっ？　私自身の話をするって？　自分の話をすれば問題が解決するの？

とまどいながらも、私は昔の話や「フェイスブック」で働くまでの経緯を語りました。話は将来にまでおよびました。

80歳になった自分がどう過ごしているか思い描いてみて、とコーチが言うのです。

「海岸にたたずみ、これまでの人生を振り返ったとき、どんな思いが頭をよぎりますか？」

そして私について、同僚や部下にもいくつか尋ねてみてもいいか？　と言うのです。


2週間後、このコーチは20ページにおよぶレポートを携えて現れました。

このレポートは「これからどう働くべきか」という課題を私に突きつけてきました。

私の強みと弱みは何か。まわりはどんな印象を抱いているか。人を不快にさせる点は何か。マネジメントはどんなスタイルか。

自信を失っていた私にとって、レポートを読むのは地獄でした。読んでわかったのは、人はそれほど演技が上手ではないということです。葛藤を悟られまいとしてもまわりにはすべて見えていたのでした。

自分には認めたくない事実——たとえばなにかにつけて自信がないこと、思い切った決断ができないことも、まわりの人は知っていました。

その一方で、彼らは心優しき存在でもありました。全力を尽くしたものの、自分ではあまり評価できなかった仕事についてのコメントを読んだときには、涙があふれました。

このレポートは、私のキャリアに起こった最大の転機だったと思います。

優れた上司への道は、自分の心を探る旅でもあります。自分自身を把握できない人がチームを把握できるわけがありません。

どんな苦難が待ちかまえていようと、まず大切なのは「自分を深く知ること」。強みや価値、大切にしていることや盲点、そして先入観を知ることが難題解決の糸口になります。

誰もがおちいる「心理的なワナ」

「インポスター症候群」という言葉を知ったのは大学3年生のときです。

社会学の授業でこの言葉を習ったとき、私は震え上がりました。「これは私のことだ！」と。「インポスター症候群」とは、**自分にいくら能力があっても自信が持てず、自分を過小評価してしまう心理的な傾向**のこと。

まさに大学の大講堂で、優秀な大勢の学生たちと肩を並べて座っている自分に違和感を覚えていたからです。

私は単に運がよかっただけ。なにかの間違いでここにいるのではないか――?

やがて就職して管理職になると、この違和感がしきりに頭をのぞかせるようになります。

「私を管理職に推すなんて、上司はどうかしている。ろくな働きもできていないのに」

部下と意思疎通がうまくいかないときや意思決定に悩むとき、もう1人の私が決まってこうささやくのです。

しかし年月を重ねるにつれ、私にささやき続けるものの正体がわかってきました。どんな管理職だって、ときには自分を〝ニセモノ〟だと思うものです。

リーダーシップについて長年研究を続けるハーバード・ビジネススクール教授のリンダ・ヒルは「新米管理職に、あるいは企業の上級管理職に、はじめて部下を持ったときにどんな心境だったか尋ねてみたらいい。彼らが正直ならば『どうすればいいかわからず、途方に暮れた』という内容の話をしてくれるだろう。役職を担うことは、思っていたのとはまるで異なり、大きな重圧だったはずだ」と述べています。

インポスター症候群がこれほど管理職を苦しめるのはなぜでしょうか。理由は2つあります。

まず管理職はつねに正解を求められる立場であること。

私も部下から個人的な問題について幾度となくアドバイスを求められたこともあれば、数十万ドル規模の新規事業など、会社にとって未知の分野でゴーサインを出さねばならず、悩んだ経験があります。

2つ目の理由として、これまで経験したことのない出来事に対処しなければならないこと。

たとえば誰かをチームから外さなければならない場合、どうやって練習すればいいのでしょうか。語学の勉強などと違って「今月はチームから人を外す特訓をするわ」というわけにもいかない。経験を積むためには、「実践」を重ねていくしかないのです。

弱点をなくすより、強みを生かす

私は大勢の人より少人数と過ごすほうがリラックスできます。

意見を伝えるときは、対話より手紙やメールのほうが自分の考えをうまく表現できます。

長期的思考を得意とするので、短期間でなにかを決めるのは苦手です。

それがどうしたと思うかもしれませんが、こうした自分の強みと弱みは、マネジメントに大きな影響をおよぼすものです。

世界のトップリーダーは誰もが個性的な性格の持ち主です。マーガレット・サッチャーのような厳格な性格の持ち主もいますし、マザー・テレサのような優しいおばあちゃんのような人もいます。

人を圧倒するオーラを放つネルソン・マンデラのような存在もいれば、スポットライトを当てられるのを好まないビル・ゲイツのようなタイプもいますね。

自分がどんなタイプのリーダーか知るためには、まず自分の強みを把握することが大切です。自分の才能や得意なことをあげられますか？

管理職は短所をなくすよりは長所を生かすことでレベルアップします。ですから自分の強みを知ることはとても重要。

第3章でも紹介したトム・ラス著『さあ、才能に目覚めよう 新版 ストレングス・ファインダー2・0』、あるいはマーカス・バッキンガム他の『さあ才能《じぶん》に目覚めよう』（ともに日本経済新聞出版）に掲載されている「強みの見つけ方」をアレンジし、簡易バージョンとしていくつか紹介します。次の質問項目を読んで、最初に思い浮かんだ言葉を書き留めてみましょう。

自分の長所を見つける質問

あなたをもっともよく知り、
大切に思っている人々（家族や恋人、親友など）が
あなたを3つの単語で表すとしたら、どう言うだろう？

私の答え

思いやり、熱意、精力的

自分が誇りに思う資質を3つあげるなら？

私の答え

好奇心、思慮深さ、楽天的

過去の成功体験を振り返ったとき、
頼りとなった自分の資質は？

私の答え

洞察力、決断力、謙虚さ

上司や同僚から受ける肯定的なフィードバックは？

私の答え

信念がある、覚えが早い、
長期的な考えに長けている

お気づきのことと思いますが、質問が変わっても答えは似通っています。どうやら私の強みは「大きな夢を持てること」「覚えが早いこと」「楽天的であること」。**どんな結果であれ自分の強みは大切にしましょう。これからも頼りになる資質となるはず**です。

次は自分の弱点や急所を正直にあげてみましょう。

自分の弱点を見つける質問

「批判的な自分」が自分自身に悪態をつくとしたら、
どう言うだろう?

私の答え

**気が散りやすい、人の目を気にしすぎる、
自分の考えをはっきり言わない**

魔法で3つの資質を手に入れられるとしたら、
何がよいか?

私の答え

**絶対的な自信、明晰《めいせき》な思考、
誰をもうなずかせる説得力**

自分の「トリガー」は何?
(トリガーとは、人を行動させるきっかけになる状況や物事)

私の答え

**不公平感、他人に無能だと思われること、
うぬぼれの強い相手**

フィードバックで上司や同僚から指摘される改善点は?

私の答え

**率直でない、リスクを引き受ける勇気がない、
説明が長い**

私の成長をはばむ要素は「自信のなさ」「物事を複雑にとらえること」「意思を率直に表

現しないこと」でしょう。

長所と短所のリストができたら、次のプロセスは**「キャリブレーション」**です。「キャリブレーション」はもともと「調整」という意味ですが、ここでは**自己認識と現実が合致しているか確認すること**を指します。

自己認識というのはいわばジェットコースターのようなもの。ミスを犯したときにもう1人の自分が「能なし」とささやくときもあれば、自分くらい素晴らしい存在はないと思える日もあります。「ダニング＝クルーガー効果」といって、認知バイアスの影響で、能力の低い人が自分のことを実際よりも高く評価してしまう場合もあります。

キャリブレーションは非常に大切なプロセス。自分がいくら「プレゼンが得意」だと思っていても、まわりがそう思っていなければなんの意味もありません。

強みと弱みをキャリブレーションするには、フィードバックで他者の率直な意見に耳を傾ける必要があります。目的は賞賛ではなく率直な意見を聞くこと。周囲には、どんな厳しい言葉でも受け入れると伝えてください。

○フィードバックを上司に依頼する場合は、次のように頼んでみましょう。

「仕事の成果を上げるために、私に必要なことは何ですか？　パフォーマンスの足かせになっている問題点は？」

「管理職として成果を上げる場合、どんなスキルが必要だと思いますか？　それぞれのスキルに対して私を5段階で評価するとしたら？」

◎同僚や部下にフィードバックを依頼する場合、ふだん一緒に働いているうち3〜7人程度を選び、「自分の能力を向上させるためにフィードバックをお願いしたい」と頼みます。
会社が「360度フィードバック」を実施している場合でも、個人的に聞いてみたいことがあったり、より突っ込んだ意見を聞きたい場合にはいい機会です。

「もっとチームの役に立ちたくて、○○さんに意見を聞きたいんです。いつも○○さんのアドバイスはとても参考になるから。ここに書いてある質問に答えてもらえないかな？　思ったまま正直に書いてもらえると助るよ。もちろん、どんな意見でも受け止めるつもりです。手が空いたときでいいからね」

「最近のプロジェクトで印象に残った私のパフォーマンスは何ですか？　貢献度を高めるにはどうすればいいと思いますか？」

「私がチームの役に立っていることは何ですか？　逆に、やめてほしいことはありますか？」

「決断力を上げるのが目下の課題なのですが、現在の私の決断力をどう評価しますか？　なにかアドバイスはありますか？」

○特定のスキルの向上を狙うこともできます。たとえば人前で話をするのが得意でない場合、プレゼンを行った直後にフィードバックを頼みます。

「スピーチが上手になりたいのだけど、私のプレゼンはどうなんでしょう？　どうすればもっとうまくなれるのかな？」

とはいえ、いざフィードバックを頼むとなるとためらう気持ちもわかります。なにしろ自分に自信がないので、本当の自分を知ることが怖くてしかたがない。もし尊敬する人から「ここがダメ、あそこがダメ」なんて、いくつも指摘されたら立ち直れる気がしません。

私のきっかけはマインドセットを変える必要性にかられたこと。

まわりの評価ばかり気にする自分から脱却したいと考えたのです。

その後、機を見てフィードバックを依頼したところ、その結果に驚愕しました。同僚から見た私の印象は「言っていることが漠然としていてわかりづらい」「話の論点が不明瞭」。

自分がこれほど中途半端な存在だなんて、知る機会がありませんでした。このフィードバックがきっかけで、私は明確で実用的な意見を述べるよう心がけています。

成功心理学のパイオニアとして知られる心理学者のキャロル・ドゥエックは、世界的に影響を与えた著書『マインドセット「やればできる!」の研究』(草思社)の中で、マインドセットには「かちこちマインドセット」と「しなやかマインドセット」の2種類があり、個人のパフォーマンスと幸福度に大きな違いをもたらすと説いています。

《設定1:ある仕事を終えた後、上司から改善のためのアドバイスを受けた》

かちこちマインドセット「ああ、ダメだ。上司にとって俺は無能な存在だ」
しなやかマインドセット「上司からアドバイスをもらった。次はもっとうまくやろう」

《設定2:やりがいがあるものの、リスクの高いプロジェクトのリーダーを任された》

かちこちマインドセット「断ろう。失敗して恥ずかしい思いはしたくない」
しなやかマインドセット「いいチャンスかも。この経験を活かせばもっと大きなプロジェクトにも挑戦できる。がんばろう」

《設定3：部下との「1on1ミーティング」で緊張してしまった》
かちこちマインドセット「もっとうまく話をすれば、上司らしく振る舞えたのに」
しなやかマインドセット「次回はもっと生産的な会話ができるよう、部下に面談の感想を聞いてみよう」

《設定4：同僚が頼んできた仕事について、途中経過を知りたいと言ってきた》
かちこちマインドセット「今、見せたくない。まだ中途半端な出来だし、この程度しかできないのかと思われたくない」
しなやかマインドセット「同僚のフィードバックは参考になる。現時点でいろんな人の意見を聞いておけば、今後も役立つだろう」

かちこちマインドセットを持つ人の行動は不安に牛耳られています。失敗したらという不安。評価される不安。見栄が暴かれる不安……。
一方、しなやかマインドセットを持つ人は、どんなことであろうと真実を知ろうとします。

力を発揮できるとき、できないとき

自分の強みと弱みを知ったところで、自分が最大限の力を発揮できる環境や状況を知っておくこと。私なら次のような状況をあげるでしょう。

◎前日、最低8時間の睡眠をとっているとき
◎午前中の早い時間。仕事の生産性が上がる
◎仕事を始める前に、具体的な目標を頭に描いておいたとき
◎信頼できる仲間と一緒に働いているとき
◎大規模な会議や大きな決定に際し情報を処理する場合は、1人で行うと集中できる
◎自分が学び、成長している実感があるとき

パフォーマンスが上がる状況や傾向がわかると、行動パターンを見直し、より理想的な環境を整えようと心がけることができます。たとえば、

○目覚まし時計ならぬ「入眠時計」を午後10時、10時15分、10時半にセット。午後11時にはベッドに入っているようにする
○起床後、ストレッチを10～15分間行う。大がかりなことはしないが、達成感があるせいか、その後も充実した1日になる
○毎日30分間、1日の計画をカレンダーに記入する時間をとる。どんな会議にするか、タスクをどうこなすか、具体的な計画を立てる
○同僚といい関係を保つ。仕事のみならず、プライベートに関する情報交換も行う
○「思索の時間」をつくる。対処しなければならない問題に対し、どう考えるかノートに記しておく
○半年に1回、過去半年を振り返り、どんな成果があったか考える。次の半年に向けて新たな目標を設定する

こうした小さな習慣を続けることで、自律の感覚が身についてきます。こうした習慣を少しずつでも続けることで、考え方や働き方に変化が生まれます。

まったく違ったアプローチでパフォーマンスを上げている人もいます。

朝型人間の友人は午前5時に起床。もっとも能率が上がる起床後の数時間を、重要な仕事や難しいタスクに使い、午後の時間はそれほど集中力を必要としない仕事に費やすそうです。

自分の理想的な環境がわからない場合は、こんなふうに考えてみてください。

◎過去半年間、熱意を持って仕事に取り組み、成果が上がった時期はいつか。理由は何か

◎過去数カ月間、自分がもっとも輝いていたのはいつか。それはどんな理由か。その状況は今後もできるか？

ネガティブな効果を生じさせる「トリガー」についても把握しておきましょう。パフォーマンスを下げる「引き金」です。

有望な志願者から入社を断られたり、飛び抜けて仕事のできる社員から辞職願を差し出されたりすれば、管理職にとってトリガーになるかもしれません。

興味深いのは、トリガーは人それぞれ異なるということ。

たとえば私にとってのトリガーは「不正義」。フェアでないことを言われると頭に血が

上り、反射的に相手に反論してしまうのです。

自分のトリガーを理解していれば、頭に血が上る前に1歩下がって冷静になることもできるはず。5分もすれば落ち着いて対応できるでしょう。

傲慢な態度や自分勝手な態度にトリガーを刺激される人もいれば、物事が細部まで整っていないと腹を立てる人もいます。

攻撃的な態度を取られたり、大げさなものの言い方をされたりすると過剰に反応する人もいます。メールの返事が遅いことでトリガーを引かれる人もいるでしょう。

○他の人に言われても気にならないのに、特定の人に言われると不快に感じることはあるか。その理由は何だと思うか

○最近、親友に言われてイラっとしたことは何か

○最近、会った瞬間に警戒感を感じた人はいるか。なぜそう感じたか

○過剰に反応してしまい、あとで後悔したことはあるか。そのときなぜ感情が高ぶったか

自分の感情を知っておくのは、アスリートがピーク時のパフォーマンスを維持するために食事の管理をしたり運動療法をしたりするのと同じことだと思います。

第5章

スランプの中で、自信をどう取り戻すか

マネジメントの道は紆余《うよ》曲折。恐ろしいほどの孤独を味わうこともあるでしょう。自分を信じたいけれど信じられない。自信を取り戻し、どこへどう進めばいいのか知りたいのに、それがわからないのです。

「自己疑念の深い穴」に落ちてしまったときに役立つカギを紹介しておきます。

自信回復のカギ① 自分を責めない

穴に落ちたときにつらいのは、それだけでも苦しいのに、自分が苦しんでいるという事実に向き合わなければならないこと。

もっと頭がよければ、メンタルが強ければ、才能があれば、悩まなくてすむのでは？

しかし、苦労を知らない人はこの世にいません。悩む自分を悩む必要もありません。

悩んだときは、２つの方法で心を軽くしてみましょう。

ひとつ目は、成功を収めているあこがれの有名人をググってみること。「有名人の名前」＋「苦労」で検索してみると、なにかしらの逸話がヒットするでしょう。どの人生にも落とし穴は潜んでおり、誰でも落ちた経験があることがわかります。

もうひとつの方法は、悩んでいる自分を許してあげること。

私の場合、ふせんに「私は〇〇の件でめちゃくちゃストレスを感じている」と書き込みます。ちょっとしたことですが、自分の心を客観視することができ、悩みが軽くなるのでぜひお試しください。

自信回復のカギ② 自分の考えを疑う

先ほど、誰でも「先入観」を持っているという話をしました。脳の特性として、なんでも近道が好きで、結論を早く求める傾向があります。

なにか出来事を見聞きしたときに、真相を知らないにもかかわらず、脳がデータを収集して物語をつくり上げてしまう。落とし穴にはまっているときには、ことさら悲観的なストーリーができあがるのはこのせいです、

自分の能力に自信がないときに、自分だけ会議に招集されてないと知った場合、「会議に呼ばれなかったのは、私が軽んじられているのだ」と思い込む。

こうした傾向は誰にでもあるらしく、私はここ数年で10人以上の人からこの手の相談を受けています。「それって事実なのか確かめよう」私はそう言って、会議の主催者に「○○さんが会議に呼ばれなかったのはなぜ？」と尋ねてみます。

もっとも多い回答は次の3つでした。

1 呼ばれなかった人の時間をムダにしたくなかったし、無理してほしくなかったから
2 会議の内容に興味があるとは思わなかった
3 単純に声をかけるのを忘れていた

根拠なく創作された物語には間違いが多いもの。とくにネガティブな穴におちいっているときは要注意。十中八九、相手はあなたに悪意はありません。

ネガティブな物語にとらわれがちなら、**1歩下がって「その解釈は正しい？」と自問自答してみてください。別の見方もあるのではないか、事実を確かめるためにどうすればいいか？** と。

率直に「なぜ私は会議に呼ばれなかったのですか？」と聞いてみれば、真実も判明しますし、根拠のない推測に悩むこともありません。たとえ答えを聞くのが怖くても、悶々《もんもん》と

悩むより事実に向き合うほうが、はるかに生産性が上がります。

自信回復のカギ③ 目を閉じて映像化してみる

人間は、なにかを行う想像をすると、実際に行動したときと同じように脳が活性化されることが研究でわかっています。つまり、目を閉じて成功体験を想像すれば、実際に成功した気持ちになれるということ。

オーストラリアの心理学者、アラン・リチャードソンの研究によると、バスケット選手にフリースローのイメージトレーニングだけを毎日やらせた結果、毎日20分間フリースローの練習を行った選手とほぼ同等の効果が得られたそうです。

別の研究では、ジムで毎日筋トレを行った人と、イメージトレーニングで筋トレを行った人を比べた結果、ジムに行った人の筋力は30パーセント上昇したのに対し、イメージトレーニングを行った人の筋力は13・5パーセント上昇。つまりイメージするだけで、実際に運動した人の約半分の筋力アップが実現したということ！

○ 不安や恐れ、混乱といった感情は、自分だけが抱えているものではなく、誰もが持つ感情だと想像する。

「フェイスブック」のCOOシェリル・サンドバーグは、著書『LEAN IN 女性、仕事、リーダーへの意欲』(日本経済新聞出版)の中で、自身がインポスター症候群であると告白しています。午後5時に退社するとき、コソコソ会社を抜け出していると同僚が考えるのではないかと、心配でたまらなくなるというのです。

女優のリース・ウィザースプーンも、大勢の聴衆の前でスピーチをするのが怖くてたまらず、ある女性団体のアンバサダーの役職を断ろうと思ったと語っています。

どちらも華やかな成功を収めて、理想的な人として活躍しているにもかかわらず、似たような現実と戦っている――不安や恐れは誰もが持っているものなのです。

◎自分を偉大な成功者だと想像する。
大きなプレゼンを明日に控えているのなら、フラッシュライトの中、笑顔で聴衆のあいだを歩く自分の姿を思い浮かべてみてください。自信と落ち着きに満ちた態度で壇上にたたずむ自分。難しい質問にも優雅に答え、堂々と振る舞う姿。そんなあなたを羨望《せんぼう》の眼差しで見つめる観衆。できるだけ具体的に想像してみましょう。

◎困難な挑戦にもかかわらず成功した過去の体験を思い浮かべる。

過去の成功経験を、順を追って思い出してみましょう。はじめは怖じ気づいたはず。そのあと、プロジェクトにどう取り組みましたか。成功を確信したときどう思いましたか。難題を成し遂げたあとの達成感、まわりの賞賛、そこから得た自信を、もう一度感じてみてください。

○大好きな人が部屋に大勢集まって、「あなたが大好き」と言っている場面を想像する。大好きな人たちに囲まれ、賞賛の言葉を浴びる場面を思い浮かべてみましょう。私は結婚式で家族や友人がスピーチしてくれたときのことを思い出すようにしています。

○ネガティブな穴から抜け出したらどれだけ楽しいか想像する。目を閉じて、どんなふうに1日を過ごしたいか、理想とする状態を描いてみてください。朝のエクササイズをこなし、温かい朝食をゆっくりと食べる。同僚にあいさつしながら笑顔で職場に入る。会議で活発に意見を交わす、など。

自信回復のカギ④　人に助けを求める

以前の私は、つらい状況でもじっと我慢しているだけでした。

あたかも思いどおりに事が運んでいるふりをしていれば、自分を卑下する気持ちや、落ち込む気持ちは消えてなくなると信じていたのです。

しかし、この考え方は間違っています。

自分の弱さを知ること、助けを求めることは弱さではありません。むしろ勇気であり、自分を知る行為であり、自分を向上させたい気持ちの表れです。

数年前、私は会社の女性10人と一緒に「リーンイン・サークル」(訳注：シェリル・サンドバーグの書籍に影響された女性たちによる、女性が活躍できる社会を創出するためのサークル活動。現在世界170カ国以上で活動)を設立しました。

月1回、2時間にわたって、人間関係やキャリアに関する不安、仕事と育児の両立など、女性が抱える問題について話をする会です。ただ、困っている人に手を差し伸べ、アドバイスをしたり、できることがなければ話に耳を傾けたり、つらい状況にいる人を抱きしめてあげるだけで大きなサポートになります。

自信回復のカギ⑤　小さな成功を自信にする

ネガティブな思考回路から抜け出すために、別の思考を展開してみましょう。「どうしたらうまくいくだろう」ではなく、「よくがんばった」ことを頭に思い浮かべるのです。

仕事がつらかったころ、私は同僚にグチを聞いてもらっていました。

いくつかのプロジェクトを抱えているのに、いいデザイナーが見つからない。前に進めなくて、八方ふさがりのような気持ちで日々を過ごしている。

そう打ち明けたところ、同僚は「確かに大変かもしれないけれど、あなたは素敵なこともやっている」と言い、最近私が投稿したブログの記事に触れてくれました。あまりにもいい記事だったので、チームのメンバーにもすすめたのだそうです。

「みんな得るものが多かったと思うよ。記事を書いてくれてありがとう」と彼女は言ってくれました。

この言葉は大きな励ましになりました。

この会話をきっかけに私は「小さな成功日記」を始めました。日々の生活の中でがんばったと思えることがあったら、たとえ些細なことでもノートに書き込んでいきます。

部下との打ち合わせでいいフィードバックを行ったときや、会議で生産的な話し合いができたときには、自分を褒める言葉を書き、仕事がうまく進まなかったときは「少なくともメールの返事は迅速に行った」とポジティブな内容を記します。

1日の終わりに、その日うれしかったことや感謝したことを5つ書き記す習慣を続けると、幸福感が長期にわたって続くという研究結果もあります。

自信回復のカギ⑥　メンタルの境界線をつくる

仕事が立て込んでくると、あっという間に、生活のさまざまな部分に影響がおよぶようになります。プロジェクトの準備で残業が続き、週末も出社するようになればストレスもたまります。世の人々が眠りについている時間に、やらなければならないことを思い出し、眠気が覚めてしまったという人もいるでしょう。

でも仕事とプライベートにはきっちり境界線を引いてください。

家族や友人と過ごす時間、趣味の時間、スポーツを楽しむ時間、地域活動など、大切なひとときを仕事の時間に使ってはいけません。

「仕事のストレスが想像力を枯渇させる」という事実は数多の研究結果から明らかになっており、ハーバード・ビジネススクール教授のテレサ・アマビールも、「気持ちが前向きなときこそ、より創造的になれる」と述べています。

私は息つくひまもないほど忙しいときは、1日の始まりと終わりに15分の時間をつくり、仕事とまったく関係ないことを行うようにしています。

動画を観たり、スマホのゲームで遊んだり、クロスワードパズルを解いたり、ストレッチをしたり、読書を楽しんだり。わずかな時間ですが、「どんなに忙しくても自分のための時間をつくる」のがルール。

最高のパフォーマンスを発揮するためには、心身の充実がなによりも重要です。

リーダーのスキルの磨き方

管理職の道のりは孤独で、誰ひとりとして同じ道を歩くことはありません。スキルに長けていて、スタート地点から勢いよく飛び出し、次々と人を抜き去る人もいます。

私はといえば、もともと内向的で、大勢の前では緊張してうまく話せない性格でした。今でもけっして雄弁ではありませんが、場数を踏んだだけあって人前で話すスキルも自信も手に入れることができました。

スキルを効率的に身につけられるかどうかは、個人の性格とやる気と能力と度胸しだいです。会社が掲げるビジョンや企業文化によっても変わってきます。

コミュニケーション能力を高めたいのなら、仲間の力も借りながら練習を重ねてみましょう。目標はあくまでも高く。どうすれば今の倍の存在になれるか——です。

スキルアップ① フィードバックを求める

前章でみっちりご説明したフィードバック。折に触れ、周囲の人々にフィードバックを頼んでみてください。

ここで大切なのはあなたの態度。頻度は多めに。謙虚に耳を傾け、自分自身に向き合い、改善させることで期待に応えてください。

仕事と行動、両方のフィードバックを依頼することも忘れないでください。知りたいことを具体的に尋ねれば効果もアップします。

「私のプレゼン、どうでしたか？」と聞くだけなら「よかったんじゃない」という返事しか返ってきません。

たとえば「最初の3分間、内容がきちんと伝わったか気になったんだけど、理解できた？どうしたらもっとわかりやすくなるかな？」というふうに具体的な答えを引き出すようにしましょう。

フィードバックをもらったら必ず感謝の言葉を。

言われたことに納得できなくても、意見はきちんと受け止めてください。たとえ不服でも学ぶべきヒントがあるはず。万が一、不満そうな顔をしたら、次から正直なフィードバックをもらえなくなると思ってください。

スキルアップ② 上司にコーチを頼む

これまでお話ししてきたとおり、上司の仕事は部下を助け、成果を上げること。

中間管理職であるあなたにとっては、上司も学びの源《みなもと》であるはずです。とはいえ、そう簡単に事が進まないこともあります。部下の日々の業務にまで注意を払っていないかもしれませんし、別の業務に奔走しているかもしれない。あなたの希望どおりのアドバイザーにはなってくれないかもしれません。

今の様子ではマネジャーの助けはとても得られないと感じたら、どうすれば指導を仰げるような関係になれるか考えてみましょう。

上司との関係をはばむ壁のひとつは、こちらがためらって助けを求められないことにあります。気持ちは理解できます。上司との関係をおもんぱかるにつれ、「手間を取らせるのはよくない」という考えにいたってしまうのです。

いざ助けを求めようとしても、「何事も自力でこなしてこそ有能な社員」というスローガンが頭の中にデカデカと表れ、結局、行動に移せないままでした。

しかし、管理職の仕事は部下を助け成果を出すことであり、あなたの業績は上司の業績にもなるわけです。

仕事の能率を上げたいと思ったら「このタスクでより効率を上げるには、何を工夫すればいいですか？」と尋ねてみる。

プレゼンがうまくなりたかったら「インパクトのあるプレゼンをしたいのですが、私が人前で話をする機会があったら、立ち会っていただけますか」と頼んでみましょう。

とくに課題がないときでも「出席する会議を選ぶポイントは？」とか「クライアントにプランを理解させるために、どんなアプローチが有効ですか？」などとざっくばらんに尋ね、新たなスキルやノウハウを学びましょう。

スキルアップ③　多くの「メンター」を見つける

メンターといっても、そう堅苦しくとらえる必要はありません。前述のシェリル・サンドバーグは著書で、メンターを大げさにとらえる考え方に警告を発しています。

「メンターになってくれませんか」なんて言われたら誰だって引いてしまいますが、具体的な質問を投げかければ、応じてくれる人は山ほどいるはずです。

たとえば同じ業界で働く人々は、たとえ所属する組織や会社が異なっても、似たような仕事をしていれば相談相手としては絶好の仲間です。

私にも数カ月に1回、顔を合わせるデザイナーの仲間たちがいます。

管理職として似た責務を負っているので、市場のトレンドについて語り合ったり、新たな仕事にチャレンジする人を励ましたり、会議やワークショップの開催について意見を交換しています。

もし、そうした仲間がいない場合、一緒に働く同僚に教えを乞う手もあり。

敏腕リクルーターの管理職やアイデアを売り込むのが上手な同僚、クリエイティブな発想に富んだ部下、部下の長所を見抜くのがうまい上司……見渡してみればスキルに富んだ仲間がいるはず。彼らから学ぶことは多そうです。

「○○さんのアイデア、参考にさせていただきたいのですが、お茶でも行きませんか？」と気軽に誘ってみてください。

スキルアップ④　振り返りの時間をつくり、目標を設定する

ハーバード・ビジネススクールの研究によると、業務と並行して定期的な振り返りの時間を持つことで人は成長するそうです。

私たちは得てして学びの時間ばかりに気を取られがちですが、**みずからを省みる傾向のある人は、経験を重ねるだけの人より成果が上がる**という研究結果も出ています。

自分の行いを振り返る時間といっても、それほど難しく考える必要はありません。1日の終わりのひととき、明日に向けて英気を養うように、学んだことを思い浮かべるのです。

私は週末の1時間、自分がやり遂げたことを振り返る時間を設けています。満足したことや不満に感じたことに加え、次週の目標も掲げます。チームのメンバーにメールで回覧すれば、習慣として続けられます。

さらに半年に1回、広く過去を振り返り、新たな目標を設定することも続けています。

ここでは私が週単位、半年単位で書き残したメモをご紹介しておきます。

《1週間の振り返り》

○最近のフィードバック——チーム文化について賞賛の言葉を多くもらった。うれしく

思う。今後は部下のキャリアアップについて気軽に話ができる雰囲気づくりをしたい

○来年の採用について――サテライトオフィスの増加が大きな課題。今後、面接官の育成が必要になるが、その結果について全社で共有するべき。採用についてはうちのチームの見通しも立てていきたい

○プロジェクトについての戦略――報告会での提案を準備するためAチームと作業。数週間でこれだけの準備ができたのはEさんの貢献によるところが大。感謝

○リサーチの参加者について――「1on1ミーティング」では、リサーチに参加したいという声が多く聞かれた。訴求する対象については十分認識しているので、今後2週間、Dさんと協力して担当者を決めたいと思う

《今後半年間の目標》

○ベンチマークの設定――それぞれの製品づくりに専念してもらうために、リーダーたちに代わって3つの役割を果たす

○一定の人々を対象に商品のレビューを行い、基準を作成する

○研究リーダー採用のため、面接の準備を行う

○「1on1ミーティング」に備え、情報のアップデートを行う。部下と有意義な会話

ができるよう準備をする
○家に仕事を持ち帰らない。勤務時間内に効率的に働けるよう努力する

半年ごとの振り返りでは、目標を再確認し、これまでの成果を評価します。

大切なのは点数ではなく、メンバーがどれだけ学んだか。

彼らが強みを発揮していない場合、理由は何か。

戦略が十分でなかったか、コミュニケーション不足か。

タスクじたいがそれほど重要でなかったか。


目標を達成した場合も同様です。

たとえば優秀な社員3名の採用に成功した場合、成功のカギは何だったかを考察します。

この成果を生かし、さらに成果を上げるにはどうすればいいか、考えてみてください。

スキルアップ⑤　プロから学ぶ

プロの講師による研修を受ける機会があるなら、ぜひ受けてみましょう。

会社のセミナーをはじめ、民間が行う産業カンファレンスや討論会、パネルディスカッ

ションやワークショップなど、さまざまな催しが開催されています。

こうした研修は時間を取られますし、受講料もそう安くはないとなると、出席を迷う人もいますね。忙しいときにワークショップを受けるくらいだったら、いっそ家でゆっくりしたほうがいいのではないか？

そうした事情をすべて鑑《かんが》みても、こうした研修は大変有益だと思います。10時間の研修を受講することで仕事の効率が1パーセントでもアップすれば、投資利益率としては上々（1年間に換算すると約20時間の時間節約につながります）。

近年ではコーチングのセミナーも人気があり、実際にプロのコーチをつけるCEOや企業の重役も増えています。CEOともなれば、メンターのような存在を得るのはより難しくなりますし、たとえわずかなスキルアップでも大きな効果が感じられるからです。

プロから学ぼうと思ったときに考えるのは、他の仕事を犠牲にし、高額を投じてまで学ぶ価値があるか、ということでしょう。しかしこうした研修は将来への投資です。

個人的な勉強や成長への投資は、自分の将来だけでなくチームや部下のためにもなると考えてください。

上司であるあなた自身が成長すればするほど、チームもより強くなるのです。

第 6 章

会議を「飛躍と創造の場」に変える

「正直に申し上げて、時間のムダではないかと」

チームのメンバーが増え始めたころ、週に1回の定例会議を開き、互いの予定を報告し合ったらどうかと考えるようになりました。

他の管理職たちも似た趣旨の会議をやっていますし、この手の会議は必要なのでしょうね。しかし、いざ開いてみると、収集がつかなくなりました。

仕事の進捗状況を手短に説明するメンバーもいれば、木曜日の夜にエンジニアとメールで口論した模様を事細かに再現するメンバーもいる。

ふと見渡すと、生気のない表情で座っているメンバーもいるし、こんな話を聞いているくらいなら仕事を続けたほうがましとばかり、ノートパソコンのキーボードをカチャカチャ叩いているメンバーもいます。

ある日の会議後、メンバーの1人から会議の廃止を提案するメールが届きました。仕事の報告ならメールで事足りるのではないかと言うのです。

「正直に言わせていただけば、時間のムダではないかと思います」という苦言で結ばれていました。上司に向かっていい度胸をしていますが、いたってごもっとも。

結局会議を廃止し、週に1度のメール配信に切り換えたところ、非常にうまくいきました。


会議はなにかと悪者あつかいされがちです。「必要悪」と考える人もいれば、学生の宿題のようにとらえる人もいます。ムダだとか、官僚的だとか、退屈だとか揶揄《やゆ》されるにもかかわらず、結局逃れられないのが会議です。

実際多くの時間が費やされており、２０１１年の調査によると、経営責任者の業務時間の60パーセントが会議に、25パーセントが電話や行事に費やされているという結果が出ています。別の研究では、大企業の週１回の役員会議の準備に費やされる時間は年間30万時間という結果も出ています。

皆さんがこれまで出席したひどい会議を思い出してみてください。


議論が堂々めぐりで進まない。

議題がわかりづらくて混乱する。

出席者が上の空。

代わり映えのしない意見やアイデア。

議題をひどく逸脱した話し合い。
数人がその場を独占し、他の参加者が口をはさめない。

など、さまざまな理由があるはずです。
一方で、よい会議は議題がわかりやすく単純明快で、出席するたびに次のような気持ちになるものです。

○時間を有効活用できた
○仕事に役立つ新しい情報が得られた
○仕事の方向性が得られた
○出席者が熱心に議論に参加していた
○出席を歓迎された

上司は数えきれないほどの会議に参加する一方で、みずから会議を招集する立場でもあります。運営に大きな責任を持ち、悪しき習慣を断ち切る責任も有しています。社員たちの貴重な時間を価値あるものに変えるカギは、あなたが握っているのです。

なぜ集まるのか――〝目的〟の見直し方

「会議は目的が大切」という言葉をよく聞きます。

確かにそれは事実ですが、それだけでは十分ではありません。私が企画した定例会議には、メンバーが仕事の進捗状況を報告し合うという目的がありました。それなのにうまくいかなかったのはなぜでしょう。それは会議を通してどんな成果を得たいのか、私自身が理解できていなかったからでしょう。

会議の種類はそれほど多くはありません。成果について明白なイメージを持つことが、会議を成功に導くための第1歩になります。

会議の種類をいくつかに分けて説明していきます。

①意思決定を行う会議

さまざまな提案の中から責任者が決定を下すのが目的です。明確な判断のみならず、信頼できるプロセスが必要です。たとえ合意が得られなくても、決定までのプロセスが効率的かつ公正であると感じられれば十分です。

プロセスが信頼に足りるものでなければ、会議は長引きます。

私が失敗した例をあげておきましょう。

部下「デザインの締め切りについては、現在のところ来週の火曜日と考えています。しかし、3つの選択肢からひとつ選ぶとなると時間がかかりまして……。締め切りを1週間遅らせていただきたいのですが」

私「確かにそうね。そうしましょう」

これが間違いのもとでした。そしてこの会議の後、問題が発生します。

技術担当課長「あのー、デザインの期限を延ばしたそうですけど、困りますよ。こちらには7人もエンジニアがいて、デザインが決まるのを待っているんですが……。1週間も延ばされたら時間がなくなります。当初の予定どおりにしていただけますか？」

こうして、私は部下とエンジニアチームの板挟みになりました。エンジニアたちは事情も聞かずに勝手に決めたと怒り、締め切りを元に戻せと主張しています。とはいえ彼らに従えば、部下が不満を抱くでしょう。調整できない上司として信頼も失われます。

ここで私がすべきことは、自分のミスを認め、会議を開いて決定をし直すこと。

「どうやって決定するんですか？　片方の言い分を呑《の》んだら、もう片方は不満に思うでしょう？」

その意見は当然です。でも私はあえてその見解に異議を唱えたいと思います。同じ船に乗る船員は目的地も同じ。

今回のケースで言えば、ユーザーにできるだけ速く、いいサービスを届けるのが目的であり、デザイナーもエンジニアもその目的は一緒のはず。

どんな手段がベストと考えるかは人それぞれですが、公正なプロセスを経て意思決定すれば、メンバーも納得して仕事を進められると考えます。

アマゾンのCEOジェフ・ベゾスは、決定を迅速に下すためには「反対し、コミットする」ことも必要だという持論を述べています。

意思決定の会議を成功させるには、次の条件をクリアすることが大切です。

○決定を下すこと(当然ですが)
○意思決定者と決定で直接影響を受ける人々、双方の合意があること
○信頼に足りる選択肢、関連情報や事情、チームの提言など、決定を行うための材料ができるかぎり揃っていること
○反対意見を言う機会と、反対意見に耳を傾ける機会、両方が平等に与えられていること

注意すべき点は次のようなことです。

○一方の意見ばかりに耳を傾けると、最終決定が尊重されなくなる
○意思決定には時間がかかるので、会議の進行が遅れるのはやむをえない。重要な決定や変更できない決定に時間を費やすのはいいが、小さな決定や変更可能な決定には時間をかけすぎないほうがいい
○決定をくつがえすと信用が低下し、その後の業務に悪影響をおよぼす
○意思決定者に一任する問題については、チームのコンセンサスに時間をかけすぎない
○同じ議論を異なる角度から延々とくり返すことは避ける

②情報を共有する会議

経営責任者の展望や最新の売上高、出資者の意見、スケジュールなど、さまざまな情報を共有することが必要です。

現在はメールやチャットなどで会わなくても知識を交換することができますが、直接顔を突き合わせて行う会議には大きなメリットがあります。

そのひとつは双方向性です。賛否が分かれそうな方針転換なども、会議なら質疑応答ができますし、意思を直接伝えることもできます。

2つ目のメリットは、念入りに準備された会議はたいてい、画面に表示された文字を追うよりはるかにおもしろいということです。アイコンタクトやボディランゲージなど、体を通して発信する情報は、相手の心に伝わりやすいものです。

いい情報交換の会議とは、次の条件を満たしています。

- ○出席者が価値ある情報を得たという感触がある
- ○重要なメッセージが明確で記憶に残りやすい
- ○人の興味を引くような話や話術、活発な意見交換などにより、出席者が議論に集中し

ている

○インスピレーションや信頼感、意欲、励ましや共感などが得られる

③フィードバックのための会議

フィードバックのために行う会議は「レビュー会議」とも呼ばれ、関係者にアドバイスや情報などを提供するのが目的です。

上司の意見で仕事の成否を判断しようとする人もいますが、それは間違いです。**そもそもフィードバック会議の目的はよい成果を上げることであり、上司の判断を仰ぐことではありません。**上司の受けばかり気にしていると、必要なフィードバックを得ることがおろそかになってしまいます。

フィードバック会議を行う際は、次の条件をクリアするよう努力しましょう。

○プロジェクトのゴールについて皆の意見が一致している

○進捗状況が正直に伝えられている（これまでの評価や前回の会議以降の推移、今後の予定など）

○必要なフィードバックを得るために質疑応答の時間が設けられ、未解決の問題や重要な決定、懸案事項について意見を述べる機会がある

○ 会議終了時に、今後の行動計画について参加者の合意が得られている

④アイデア会議

アイデア会議といえば「ブレインストーミング」や「ワーキング・セッション」が思い浮かびます。いずれも問題解決に向けてアイデアを出し合う方式です。

ブレインストーミングは1950年代、マーケティングの専門家アレックス・オズボーンが考案し人気になりました。既存の枠にとらわれない自由なアイデアを歓迎し、質よりも量を重視、捻出《ねんしゅつ》されたアイデアに対していい悪いという判断はしない、というのがルールです。

しかし実際、12人がひとつの部屋に集まって頭に浮かんだことを口に出しても、すごいアイデアが出るかというとそうでもありません。絞り込むのが大変だという理由で、アイデアを量産しても歓迎されない場合もあります。

優れたアイデアを捻出するには、1人の時間と他者との時間、どちらも必要です。脳は1人でいるときがもっとも創造的になる一方、他人の視点はひらめきを与えるきっかけになるからです。

アイデアのための会議を成功させるカギは、事前の準備と進行役の舵取りです。

○ 1人で静かにアイデアを考え、書いてまとめる時間を与える。たとえ実現不可能でも、多様なアイデアが歓迎される（アイデアを考える時間は会議前と会議中、どちらでも可）

○ 声の大きい人ばかりでなく、なるべく大勢の人からアイデアが出るよう配慮する

○ アイデアを発展、進化させるため、有意義な話し合いを展開する

○ 誰が何をどうするか、次の行動計画を決めてから終了する

⑤信頼関係を深めるための会議

成功するチームはメンバー同士の関係も良好です。

チームの結束を高めるためにランチやディナーを一緒に楽しむのもいい方法ですし、「1on1ミーティング」や会議も役に立ちます。メンバーをビジネスだけの関係と切り捨てず、人として向き合い、互いの価値観や趣味、家族やライフスタイルなどを通じて理解を深めることで、共同作業もやりやすくなります。

信頼関係を築くための会議は、時間や頻度が多ければいいというわけでもありません。次の条件をクリアしていることが大切です。

○ 参加者同士の理解と信頼が深まる

○正直に対応する
○互いを思いやる

実際、この3つは、いかなる目的の会議であろうと大切にしたいものです。

1回の会議ですべてを決定しようとしないこと。また話が脱線した場合、「それは今度、取り上げよう」と言って本来の議題に戻します。私の経験では、意思決定の会議で出てきたさまざまなアイデアを検討しても、いい成果が出たことはありません。

あくまでも本来の趣旨にのっとって進行し、話が脱線した場合はきっぱりした態度で本筋に戻しましょう。これで出席者からの「貴重な時間をムダにされた」という不満は出なくなります。

「誰を呼ぶか」がすべて

会議の成功は出席者の人選にかかっているといっても過言ではありません。

大勢の出席者でテーブルが埋まっていても、議論に参加していなかったり、別の作業をしている人がいれば、場の雰囲気も悪くなります。たとえ関係者でも全員が出席する必要はありません。

ある製品の機能を決める会議に参加したときのことです。製品の仕様は売上予測に大きく影響します。それにもかかわらず、営業チームから誰も出席していないのです。これでは意思決定ができません。

一方で、チーム内でフィードバックを行うための会議を計画したときのこと。

当時、デザイナーの新規採用が相次いでいたため、参加者の数がふくらみ、会議というよりは講堂での講義といった様相になってきました。とはいえプレゼンを行うデザイナーはわずか数人。残りのデザイナーはスライドを見たり、説明を聞いたりするだけです。

私は出席者を減らすよう提案しましたが、ある管理職は反対しました。

新入りのデザイナーにとって、この会議はどんな意見が交わされるか知る絶好の機会だ、というのです。他の管理職たちも、会議はリーダーのことを知る機会になる、話を聞いているだけでも勉強になると主張しました。

とはいえ、あまりにも観客が多ければプレゼンをする人がやりづらくなります。場の雰囲気が堅苦しくなればプレッシャーを感じるでしょうし、スライドの操作にも時間がかかります。**フィードバックを行う管理職たちも、観客が多い分、言葉に気をつかいます。率直な意見も出づらくなる**でしょう。

結局、出席者を減らすことで皆が合意。新人デザイナーの教育については、別の機会を設けることになり、議事録を配布し、研修を企画することで落ち着きました。

時間を浪費しないために

会議での私は、あわてふためている印象が強いようです。

目を細めてスライドの表やグラフを見ていたかと思えば、「このデータからわかるとおり……」と発表する人に「ちょっと待って！　なんでこういう結論に達したのか、私にはわからないんですけど……わからないのは私だけ？」と発言をさえぎるしまつ。

とはいえ、私のリアクションはそう珍しいものでもなければ、自意識過剰というわけでもなさそうです。

資料やデータをパッと見て即座に理解しろといわれても、そう簡単にはいかないもの。データ読解の達人と呼ばれる同僚も、新規の情報を読み解くには時間が必要だと言っています。

発表者は自分が発表する内容を事前に学習していることから、社会心理学者が言う「知識の呪い」にかかっています。

「知識の呪い」とは認知バイアスの一種で、はじめて資料を読む人の気持ちが想像できない傾向のことです。誰が聞いても自分の説明は理解できると信じきっているので、スライドの画面をどんどん切り替えてしまうのです。

しかし意思決定やフィードバックの会議で、予備知識もない参加者に対して、資料の内容を即座に理解し結論を出せというのは酷だと思います。

要は事前に予習しておいてもらえばいいのです。私自身、意思決定やフィードバックの会議に出席する場合は、**リーダーに頼んであらかじめ概要や資料を配布してもらい、事前に目を通す**ことにしています。表やグラフなどの資料をじっくり読み込んで臨むことができるので、より有意義な場になります。

アジェンダ（議題のリスト）を配布するのも有効です。事前に議題を把握でき、心構えも違ってきます。アジェンダは会議にかぎらず「１ｏｎ１ミーティング」などの面談でも有効。

会議は規模が大きくなればなるほど準備も大切です。

わずらわしいと思うかもしれませんが、会議をお金に換算してみれば、一目瞭然。たとえば社員500人が出席する全社会議を開催したにもかかわらず、うまく運営できなかったり成果が上げられなかったりした場合、500人分の労働時間がムダになります。時給20ドル（約2000円）で換算すれば総額1万ドル（約100万円）が水の泡となるわけです。事前に5人が準備して5時間要したとしても500ドル（約5万円）。

数人しか出席しない週に1度の定例会議も、時間をムダに使えば1年間の生産性損失は数千ドルに上ります。

もちろん、会議の終了時には今後の行動計画について確認を行いましょう。「今日決定したことは……」と切り出し、全員の意思を再確認します。終了後は議事録を配布し、誰が何をするかという具体的な計画と、次回の日程を伝えておくこと。

決定事項は出席していない関係者にも報告しておくことをおすすめします。フィードバックの内容も伝えておけば、彼らの仕事にも反映されるはずです。

企画会議であがったアイデアについては、具体的な計画書をつくりましょう。次回の会議に作成するアジェンダの下敷きにもなります。

イノベーションが生まれる会議

就職したての私は、会議では参加者が多ければ多いほど寡黙《かもく》になる傾向がありました。「1on 1ミーティング」では発言が多くなり、出席者が7人を超える会議では黙り込み、極力目立たないように努めていたものです。

管理職になってからも、大勢の前で話すのは苦手でした。バカなことを言っていないだろうか、人の時間をムダにしていないだろうかと恐れていたのです。

そんな私でも臆せず話せる会議は、発言を後押ししてもらえる雰囲気にあふれていました。数人だけが話すのではなく、みんなが同じだけ話せる会議。

あるいは**「○○さんはどう思う？　まだ意見を聞いてないから教えてよ」**と好奇心いっぱいに尋ねてもらえる会議。

そして、出席者と良好な人間関係が築けていて、私がなにか変なことを言っても「変人／ヤバい人」とは思われない会議。

参加者が自分の意見を言える会議にするためには、次の点に注意しておきましょう。

よい会議のポイント①　目的をきちんと伝える

私は会議で必ず質疑応答の時間を設けていますが、会議を10回以上重ねているにもかかわらず、当たり障《さわ》りのない質問しか出てこないことに気がつきました。「質問のある人は？」と尋ねても、皆、しーんとして顔を見合わせるだけなのです。

質問がないはずはない――それはわかっていました。ある案件について懐疑的なメンバーがいると小耳にはさんでいたからです。別のプロジェクトについて疑問の声が上がっているのも聞いていました。それなのに誰もそれを口にしない。これはズバリ切り込まなければならないと思いました。

次に会議を開いたとき、私は言いました。

「質疑応答の時間を設けているのは、チームの現状について忌憚《きたん》のない質問をもらうのが大切だと思っているからです。でも皆さんは声を上げてくれません。だからこの際、念を押しておきます。どんな質問でも大歓迎です。不安や疑問に思うこと、なんでも聞いてください。極力答えます」

この言葉には効果がありました。それ以来、質問がぐっと増えたのです。

よい会議のポイント② スタイルを変えてみる

会議の雰囲気は出席者の性格や立場によって変化します。内向的なメンバーばかりなら意見や質問を出してもらうのに苦労しますし、外交的な人はしゃべりすぎてその場を支配しがちです。出席者の年齢や職位、在職期間、関係性も会議の流れを左右するでしょう。

参加者の力関係が理由で流れが偏ってしまうようなら、さまざまなアプローチを試みてください。たとえば出席者全員に意見を求める方法。出されている選択肢の中でどれがいいと思うか1人ひとりに尋ねてみる。

ふせんを使った方法も有効です。マーケティングや3年後の目標など、意見が分かれそうな話題を話し合う場合、参加者にふせんを配り、それぞれの考えやアイデアを書き出してもらいます。

10分から15分後、ふせんをホワイトボードに張ってアイデアを説明してもらいます。似たアイデアが書かれたふせんは1か所にまとめます。全員が発表し終わったときには、ホワイトボード上にはアイデアのグループがいくつか出現しています。

「書く」というプロセスによって、アイデア発信のプレッシャーはぐっと低くなります。

よい会議のポイント③「静かな人」の発言も公平に

会話を独占する人がいたり、同じ人ばかりが発言したりする場合、皆が平等に発言できるよう差配しましょう。

誰かが意見を述べているのに別の参加者が割り込んだら、「○○さんの話が終わってから聞きますね」と制しましょう。この行動にはあなたの信頼性を高めるというおまけもついてきます。

うまく会話に入り込めないおとなしい参加者がいれば、「○○さん、意見があるようですね」とうながしてみましょう。

重役が総勢20人ほどそろった会議において、ある同僚がこの方法で進行してくれたおかげで私は発言することができ、とてもありがたかったのを覚えています。

発言を躊躇している参加者を見かけたら「○○さん、考え込んでいるように見えるけど、あなたはどう思いますか？」とか「○○さん、あなたからまだ意見を聞いていませんでしたね。どう思うか教えてくれますか？」などと直接尋ねてみましょう。

議論を独占する人に対しては、ていねいに、しかしはっきりと、他の人にも発言の機会を与えたいと伝えましょう。

「○○さん、まだまだ話が尽きないのはわかるけど、他の人にも時間をあげましょう」

「○○さん、あなたの考えはよくわかりました。最後に誰か他に言っておきたいことはあるかな？　まだ発言していない人はいますか？」


多くの人からさまざまな意見を聞くことを重視する姿勢は、誠実さの表れとして皆に伝わるはずです。

よい会議のポイント④　フィードバックをもらう

部下や出席者の中に「あの会議は時間のムダだと思います」と率直な感想を伝えてくれる人がいればありがたく受け取りましょう。

もうひとつ有効な方法があります。それはこちらからフィードバックを求めること。大勢が出席する定例会議などで頼んでみましょう。

私のチームで失敗に終わった定例会議も、

「この会議の目的は情報共有です。仕事の進捗状況を報告し合うことで、メンバー同士が協力し合う体制をつくるのが狙いです。とはいえ内容があまりにも具体的だと、聞く側も困惑しますよね。みんなはこの会議の進行について、どう思うかな？」

と尋ねてみるべきでした。

自由気ままに奇抜なアイデアでも披露でき、職位の垣根なく「その意見には、私は反対です」と率直に言える雰囲気があることが重要です。

こんな場合は出席しなくてもいい

多くの人が「出席する必要が感じられない会議」を抱えているようです。

ハーバード・ビジネススクールの教授レスリー・パーロウの研究チームがさまざまな会社の経営幹部182人に調査を行ったところ、65パーセントが「会議のせいで仕事に支障が生じている」と回答しました。

また会議が生産性や効率性に欠けていると感じる人が71パーセント、会議によって思考の時間が奪われていると感じる人は64パーセントいました。

私の場合、すべての会議の内容を見直して、必要のない会議を予定表から削除。内容を知りたい場合は、事前や事後にメモを回してもらうことにしました。その結果、仕事のやり方がかなり改善され、重要な仕事に集中する時間も増えました。

ハンブルク大学のナーレ・レーマン＝ヴィレンブロック教授のチームの研究によると、十分に練られた会議（出席者とアジェンダが吟味されており、出席者の人間関係が良好であること）とその成果には密接な関係があり、チームの業績と社員の幸福度の関係に似ているといいます。

「悪い会議は社員の不満を募らせ、消耗させ、燃え尽き症候群におとしいれる可能性があるが、よい会議は従業員の士気を上げる」と彼女は述べています。

定例会議の内容に疑問を感じたら、上司にその旨を提案してみることをおすすめします。ムダな会議に出席するほど人生は長くありません。自分を含めたチームの1人ひとりが貴重な時間を有効に使い、充実した日々を送ることで、チームは協力し、よりよい成果を上げることができるでしょう。

第 7 章

「ビジョン」を描き、現実にする法

「インスタグラム」の誕生

昔々、ケビンというバーボン好きの男性がいました。

彼はかねてから、新しいコミュニケーションツールをつくりたいと考えていました。友だちと会う計画を立てるのに役立つような、位置情報や互いの写真をシェアするツールです。

そこで一念発起してアプリを開発。自分の好きなお酒、バーボンをもじって「バーブン(Burbn)」と名づけ、世界に向けて発信したのです。友人のマイクを仲間に引き入れた彼は、ユーザーがどんな反応を示すのか、期待を胸に見守っていました。

しかしシステムが複雑で使い勝手がよくなかったらしく、思うような反応は返ってきません。しかも、自信を持っていた位置情報サービスよりも、なぜか写真共有サービスの人気が上回っていました。

ユーザーは日々の生活の1コマを好んで投稿していました。街並みやレストランでの食事内容、今日飲んだカフェラテやビール、友人とのひとときや自撮り写真……。

これはヒントになる――そう思ったケビンとマイクは、いつどこでどんな状況で写真が撮影されているのかデータを分析し、数カ月後、再びアプリ開発に着手します。

今回は位置情報サービスやスケジュール管理の機能を省き、きれいな写真を手軽にシェアする機能に専念。アプリの名前も「バーブン」から「インスタグラム（Instagram）」に変更しました。

現在、「インスタグラム」のユーザー数は10億人を突破。２０１２年に10億ドル（約１０００億円）で買収され、「フェイスブック」の傘下に入っています。

優れた企業には共通の特徴があり、道のりは最短ルートではないということ。いきなり素晴らしいアイデアがひらめき、たちまち成功の階段を上ったわけではありません。あくまでも日々の計画と実践のたまものです。

アイデアを試す。

即座に行動に移す。

心を自由にし、あらゆることに好奇心を抱く。

経験から学ぶ。

失敗を成長に生かす。

そして再び実行する――。

こうしたプロセスをくり返すことで、大きな変化を起こしてきたのです。

「プロセス」という言葉を面倒なこととして毛嫌いする人は多いものです。

しかし、よいプロセスと悪いプロセスが存在するのも確か。悪いプロセスは独断的で負担が大きいのに対し、よいプロセスはさまざまな工夫が凝らされています。

「すべての鍋にチキンを」

「フェイスブック」社内には「Facebookグループ」という機能があります。共通の趣味やテーマを持ったメンバーと情報交換したり、写真をシェアしたりできる交流スペースです。

この機能を作成するにあたり、6カ月間の作業計画を練っていたときのこと。

作業の狙いを定めるにはビジョンがいると思った私は「好きなことをシェアして人々をつなげる」と書いてみました。このビジョンをたたき台に戦略を立て、具体案を考えようと思ったのです。

上司に作業計画書を見せ、フィードバックを仰いだところ、彼は一読するやいなや「ピンとこないなあ」とひと言。ペンを持ちアンダーラインを引きました。

「えっと、どういう意味でしょうか？」と私は尋ねました。すると彼は「なんていうか――あいまいだよね。この機能で何がどう変わるのか、表現されていない」と言うのです。

彼の言わんとすることはわかりました。私たちが目標を語るときに決まって使うのが「サポート」「向上」「成長」といった単語です。しかしこれらの言葉は耳心地がいいのですが、明確なイメージを伴っていません。

たとえばチームのメンバーがバグの原因を突き止め修正すれば、ユーザーの使い勝手はアップしますすし、人々がつながるという目標に貢献できるでしょう。とはいえ6カ月間にわたってバグを修正するのが目標かと聞かれればそうではない。「サポート」や「成長」という言葉は主観性に左右されるため、チームの目標を具体的に言い表すには適当でないのです。

明確なビジョンは人の心をつかむものです。

「すべての鍋にチキンを」は第31代アメリカ合衆国大統領、ハーバート・フーバーの政治スローガンでした。この言葉にあいまいさはありません。

「アメリカにより多くの富を」とか「人々に経済繁栄を」など、具体的な表現は用いていないものの、アメリカ中の家庭が栄養と愛情にあふれた食事を楽しんでいる様子が目に浮かんできます。

実は、このスローガンを考えたのはフーバー大統領ではなく、1928年の大統領選で共和党が運動用ビラに用いた文言であることが明らかになっています。

しかしこの言葉は全米中に広がり、人々の記憶に深く刻まれました。

「フェイスブック」のユーザーがまだ数百万人の学生だけだったころ、創業者のマーク・ザッカーバーグは「いつか世界をつなぐ」と言っていたものです。

当時は「Myspace（マイスペース）」（訳注：初期SNSのひとつ）のユーザーが「フェイスブック」の10倍の数を誇っていたため、彼の言葉はあまりにも大それた野望に聞こえました。

とはいえ、その言葉は強い響きとともに私たちの心に届きました。

「成長し、よりよいサービスを提供する」だけでは終わりたくないと思っていたものの、業界トップの地位を目指すというまでの思いはありませんでした。

世界の数十億人、その1人ひとりに役立つサービスを届ける――頭の中にあるのはそれでした。

優れたビジョンは人をやる気にさせる力があります。シンプルで、聞いたとたんにイメージが浮かび、うまくいくかどうかすぐにわかる、なぜならわかりやすいから。そして瞬時に人から人へ伝わる、「どう」やるかではなく「何」をやるかもすぐに理解できる。どうやるかは、後で考えればいいのです。

アメリカの大学進学適性試験（SAT）の個別指導アドバイザーなら、生徒のスコアを最低200ポイントアップさせると宣言するかもしれませんし、研究者なら実験のエラー率を2年以内に半分にすると約束するかもしれません。NPO法人の資金調達担当者なら、3年以内に5000万ドル（約50億円）を集めるという目標を掲げるかもしれません。

ちなみに「フェイスブック・グループ」のミッションは、10億人のユーザーをなんらかのグループに参加させることです。

ビジョンを作成するにあたっては、次のような質問について考えてみてください。

◎「魔法のつえ」を使ってチームのパフォーマンスを最大限に発揮させるとしたら、2年後や3年後のチームは、どんな状況であってほしいと思うか

○隣のチームのメンバーがあなたのチームを評するとしたら、どんな内容であってほしいか。数年後はどんな評判を得たいか。その評判は現在とどれだけの差があるか
○チームならではの強みは何か。チームが理想の状態にある場合、どんな価値が生まれるか。チームが現在の倍の成果を上げるようになった場合、どんな状態にあるか。5倍だったらどうか
○チームの成果を優秀、可、不可と判定できる試験があったら、その試験とはどんな内容だと思うか

ビジョンのルール① リアリティのある計画を立てる

具体的なビジョンを決め、成功のイメージもつくりました。さて次は何でしょう？

そう、計画を決めるのです。実現したいことを形にするための戦略づくりです。

「計画に価値はない。しかし立案はすべてを制す」こう述べたのは第34代アメリカ合衆国大統領、ドワイト・D・アイゼンハワーです。第2次世界大戦でノルマンディー上陸作戦の指揮官を務めた、歴史に冠たる最高司令官でした。

プロジェクトは周到な準備をしていても思ったとおりにいくとはかぎりません。しかし、計画を立てていればこそ、私たちは状況を判断し、成功の確率を高めることができ、たと

え緊急事態が発生しても軌道修正できるようになります。

それでは、よい戦略とはなんでしょう。

まずは**実現の可能性が高いことが重要**です。

たとえば、街中にレモネード屋を流行らせるにはどんな戦略がいいか尋ねられ、「世界中のセレブに宣伝してもらう！」と提案すれば、まわりからため息をつかれるのがオチ。莫大な宣伝費を投資したところで十分な見返りがあるとは思えませんし、そうかといってテイラー・スウィフトのような今をときめく有名人が、お金を受け取らずにみずから宣伝役を買って出るかというと、それも難しいでしょう。

よい戦略とは、問題の本質を理解することです。目標を達成するために乗り越えるべき問題を見据え、チーム独自の力や資質、エネルギーをどう活かすか考えることです。

あなたが組織の1部門を率いているのなら、チームの戦略は組織のトップが立てた戦略に準じていなければなりません。

たとえば「フェイスブック」のトップが「ニュースフィード」や「メッセンジャー」「グループ機能」といった機能を通してコミュニティをつくったり世界の距離を縮めたりしたいと考えているのなら、各部門のリーダーたちは、そのミッションをサポートする形で戦略を構築しなければなりません。

ビジョンのルール② 得意なことに集中する

マネジメントスタイルには、あなたの気質や強みが反映されています。それはチームも同じこと。チームの戦略はチーム独自の能力を考慮してつくるべきです。

たとえば私が率いるチームのプロダクトデザイナーは、モバイルやデスクトップの双方向デザインを得意としています。というのも業務の大半がその種のデザインを占めているからです。ですから新規採用する場合もその分野に強い人材を採用してきましたし、研修にも力を入れてきました。

ですが、プロジェクトにマーケティング用動画やイラスト、図版の作成が含まれている場合は、他のチームに任せることが多いのです。

こうした行動を見て、エンジニアチームの同僚は驚くようです。「だってデザイナーなんだから、絵だってうまく描けるでしょう?」と。

私は「できるかもしれないけれど、私たちがやるべきことではないのだ」と説明します。チームの主力分野ではないし、たとえ手がけたとしても、専門的なチームの倍の時間を要しながら、彼らの8割の質しか上げられないはずです。

ビジョンのルール③　優先順位を大切に

「パレートの法則」という法則があります。19世紀のイタリアの経済学者ヴィルフレド・パレートが提唱し、彼の名前にちなんで命名された、富の分配についての興味深い法則です。

イギリスの起業家、リチャード・コッチが１９９８年に発表したベストセラー本によって「80対20の法則」として一躍有名になりました。ひと言で説明すると**「結果の大多数は一部の要素が生み出している」という理論**です。

ここで大切なのは、その一部の要素とは何であるかを探ることでしょう。

一般的に成功とは、懸命に努力し、困難を耐え忍ぶことで成し遂げるものだと思われています。確かにある意味そうでしょう。

しかし、コッチはこう述べています。

「目標を見きわめている者はほとんどいない。たいていの人は、あれもこれもと手を出し、平均的な努力しかしないのに対して、優れた人は、たとえわずかでも、自分にとって大切なことに焦点を絞り努力を傾ける。物事を成し遂げる人は確固たる意志を持ちながら、選択能力にも優れているものだ」

優先順位を決めるということは、重要度にしたがって順位をつけることです。もっとも上位に置くべきは、絶対に成し遂げなければならないこと。

たとえば今日中にやらなければならないタスクが5つある場合、もっとも重要で急を要するタスクを一番上位にリストアップします。

チームが今半期で3つの目標を設定した場合、「3つの中でひとつしか選べないとしたら、それはどれか」を考え、優先順位をつけていきます。

新たに5つのポストを採用する場合、まず最重要ポストにつく人材を決めることにエネルギーを注ぐわけです。

努力ではなく結果がすべて——これは「フェイスブック」で働きはじめて最初の1週間、あるサービスの開発秘話を聞いて学んだことです。

2005年、フェイスブックは写真共有機能を新たに追加しました。

写真共有サービスについては、すでにさまざまな企業が展開しており、その代表といえる存在が「フリッカー（Flickr）」でした。同社のサービスは多岐にわたっていました。撮影した写真を高画質で美しく表示でき（フルスクリーン表示やスライドショー再生も可能）、場所や色などで検索したりすることができましたし、プレビュー機能やキーボードショートカットなど、使いやすさにも配慮がされていました。

一方、「フェイスブック」の初期の写真機能ときたら、必要最小限もいいところ。写真は低画質で、サイズも小さく画質も粗い。キーボードショートカットもなければ検索機能もなく、フルスクリーン表示もできませんでした。

「フリッカー」が大勢のメンバーを動員し、何年も費やして機能を開発したのに対し、「フェイスブック」の機能はたった5人のエンジニアチームが数か月でつくったものでした。

しかし、彼らの開発した写真機能には、つつましいながらも画期的なしくみがひとつ施されていました。「人物のタグづけ」です。

たとえば、あなたが友人のSさんと一緒に撮った写真を投稿する際、Sさんをタグづけすると、Sさんに通知が届きます。

タグづけされた写真をクリックするとSさんのプロフィールが表示され、あなたとSさんの共通の友人がプロフィールを見ることができるというわけです。

このタグづけ機能は大きな話題を呼び、「フェイスブック」はその後わずか数年で、世界でもっとも人気のある写真共有サービスに成長しました。

なぜタグづけがそれほどまで人気を博したのでしょう。それは人々が人物写真に価値を見出しているからです。

どの家庭でも人の写真を飾ってあるものです。みなさんの家にも家族の写真や結婚式の写真、卒業写真、あるいは幸せな日常を切り取った写真などがあるでしょう。

タグづけ機能を導入したことで、ユーザーは自分が写った写真のみならず、友人の写真もチェックできるようになったのです。単純なしかけでありながら、この機能はユーザーに大いに重宝がられました。

驚異的な先見性を持った「アップル」の創業者スティーブ・ジョブズはこう述べています。

「集中というのは、集中すべきことにイエスと言うことだと考える人が多い。しかしそれはまったく正しくない。集中すべきでない100のいいアイデアに『ノー』と言うことだ。アイデアは慎重に選び取らなければならない。私はやったことと同じくらい、やらなかったことにも誇りを感じている。イノベーションとは、1000のことに『ノー』と言うことを意味している」

ビジョンのルール④「誰が何をするか」を必ず決める

たとえばあるアプリの利便性を高めるため、5人でブレインストーミングを行っているとします。アイデアが次々とあがり、反対されたり、議論になったりしています。

「スワイプでページの移動ができるようにすべきだよ」と、誰かが主張します。

「でもスワイプできるって、どうすればユーザーが気づくの?」

「とりあえずリサーチしてみたら?」

「そうだな。〇〇さんに話してみよう。確か1年前に似たようなことをチームでやっていたから、どんな感じだったか聞いてみよう」

「スワイプがいいかどうか、私はなんとも言えない。いいかもしれないけど、でもフローティングタブのほうがいいと思わない?」

誰かがそう言い出し、論議は振り出しに戻ります。

さて、こうした議論の後、どんな展開が待ち受けていると思いますか?

おそらくなにも起こりません。リサーチするとか、誰それに聞いてみるとか、いくつか提案があったものの、具体的な行動に結びつかないのは、誰も自分がやると手をあげていないからです。当事者意識があいまいだと行動に結びつかないもの。

これは会議だけにとどまらず、メールでも同じことがいえます。メールで複数の人に追跡調査などを依頼した場合、誰にやってもらうか具体的な記述がなければ、メールを読んだ相手は混乱します。

多分、自分以外の誰かがやるだろうと思ってしまうのです。


私自身も当事者意識の重要性に気づくにはかなり時間がかかりました。おのおのの士気が高くても、役割分担があいまいだと問題が生じるのです。

あるとき、私はチームでもとりわけ優秀な2人を呼び、ある問題を解決してほしいと依頼しました。

2人で協力し合い解決策を見出してもらうのが目的だったのですが、私の思ったとおりに物事は進みませんでした。というのも、どちらが何を担当するのか、2人の間で意見が大きく食い違ってしまったからです。仕事を依頼する際、誰に何をやってほしいのか、どちらが意思決定を行うか指示をしなかったのが原因でした。

この1件から、役割や責任を明確にすればするほど、誤解や混乱も回避できると学びました。

そもそも仕事を依頼する際、「Aさん、選択肢をいくつか選んでもらいたいけど、いい？　Bさんはビジュアルランゲージ（訳注：視覚によって伝達される要素のこと。色や図、写真、イラストなどを含む）の定義をお願い」

あるいは「まずは各自でデザイン案を決めてもらいます。もし意見が食い違ったら、私を含めた3人で話し合うか、私が判断するかのどちらかにしよう」などと指示すべきだったのです。

ビジョンのルール⑤　大きな目標より小さな目標を

「パーキンソンの法則」をご存じですか？　20世紀のイギリスの歴史学者、政治学者のシリル・ノースコート・パーキンソンが提唱した「仕事の量は、完成のために与えられた時間すべてを使い切るまで膨張する」という法則です。

皆さんが読んでいるこの本を出版するにあたり、はじめて出版社とスケジュールについて話し合ったとき、第1稿の締め切りは1年後ということで話が決まりました。

出版社からの電話を切った私は自信満々でした。執筆に1年間もらえるなんて十分すぎるくらい。半年もあればいけるんじゃない？

しかし1年後。私はとても満足な出来とはいえない原稿を出版社に提出することになります。

9カ月あたりまでは余裕でした。ラストスパートでがんばれば時間は十分あるし、1日ぐらいサボってもたいしたことはないよね――と。

第2稿はこの教訓を生かして取り組みました。1冊分の原稿をまとめて納品する代わりに、1週間に1章ずつ納品すると編集者に約束したのです。

突然、私は規則正しく原稿に取り組むようになりました。

1週間に1章分の原稿を仕上げるためには、少なくとも一晩に2ページは推敲《すいこう》しなければなりません。締め切りを1週間単位に区切ったことで、私は一晩の価値を身にしみて感じるようになりました。一晩なまければ挽回するのが大変です。結局、締め切りを厳守することができましたし、その効果は原稿にも表れました。

価値あるものは一晩では手に入りません。**どんな夢も小さなステップの積み重ねでかなえられるもの**です。

「フェイスブック」がサービスを開始した当時、できることといえばプロフィール編集ぐらいでしたし、ユーザーもハーバード大学の学生に限定されていました。

しかしマーク・ザッカーバーグと仲間たちはサービスの範囲を拡大し、今週はひとつ工程を見直し、来週は新たな機能を追加と、1週間ずつ進化を続けていったのです。

フルマラソンに挑戦したくても、ゴールまでの距離を思うとひるんでしまうもの。だからまずは目標を小さく設定してみましょう。

日々のタスクをこなしたり、会議の準備をしたり、一晩に2ページ推敲するなど、課題をひとつひとつクリアしていきましょう。

目の前の仕事をどうこなすか、まずはそれだけを考えること。数カ月後や数年後のことまで心配する必要はありません。チームと相談して、仕事の内容に沿って現実的な期限を設けましょう。

ここで大切なのは、「計画錯誤」に配慮すること。「計画錯誤」とは、計画をこなすために必要な時間やお金を、少なく見積って楽観視するバイアスのことです。

想定外の問題に備えて、十分な時間を確保しておくことが大切です。

プロジェクトの期限から逆算して、誰が何を担当するか週ごとに取り決めます。

メンバーには週ごとの締め切りを厳守するよう求めましょう。会議など公の席で伝えれば、依頼されたメンバーには説明責任が生じます。

同時に、経過を見直す機会を定期的に設けることで、モチベーションを維持することもできます。

私の知っているチームは、週に2回会議を開き、進捗状況を見直したり緊急の優先事項を議論したりすることで、プロジェクトをうまく切り盛りしているようです。

「完璧な計画」よりも「完璧な実践」

昔、ある同僚がこう言っていました。

「仕事に完璧を求めるのなら、完璧な戦略よりも完璧な実践のほうが大切」


完璧な戦略と完璧な作業——その違いは何でしょう。

たとえ優れた計画を作成しても、スピーディに正確に実行しなければ、なんの意味もありません。

業界をあっと言わせる素晴らしいアイデアを水晶玉で占ってもらったとしても、製品のでき上がりが遅れたり、バグが多かったり、あるいは市場に出すのが遅れたら、それはただの失敗です。

私がこれを実感したのは、数年前にある同僚——ここではRさんと呼びます——の仕事ぶりを間近で見たときのことでした。

当時、Rさんのチームはプロジェクトの計画をわずか数週間で決める方針をとっていました。1週目に3時間のブレインストーミングを行い、皆が目標やアイデアを殴り書きして机に並べ、どれがいいか投票で決定し、コンセプトの内容を絞り込んでいくというのです。

しかし、そんな単純な方法でいいアイデアが生まれるのだろうか？　一般的には、コンセプトを決定するのに、たとえ急いだとしても数カ月は必要。しかしRさんはこう説明します。

「次の数週間でさらに話し合いを重ねて最良のアイデアを決めることもできるけど、実行に移せばコンセプトのよし悪しを最速で見極めることができる。

実践は、なるべく早く結果を知るための最終テストです。実行に移せば、計画のどの部分を強化すればいいか、何をカットすればいいか、すぐに把握できる。いいアイデアだとわかったら、次のプロジェクトに生かすこともできますし」

なるほど、短期間で戦略を立て実行に移せば、たとえ失敗してもそれほど痛手を負うことはない。学習効果を最大限に引き出すのはプロセスのくり返しなのですから。

人は長いキャリアの間に数えきれないほどのミスを犯します。しかし歯がゆいのは、戦略が悪かったのか実践に問題があったのかはっきりしなければ、何を教訓にすればいいかわからないことです。

優れた脚本でもつまらない映画もあれば、先駆的な企業がそれほど革新的ともいえない競合会社に負ける場合もあります。天才的な教授でも教えるのは下手という場合もある。こうした例は数多く見られます。

優れた実践とは、次のようなやり方を指します。

○プロジェクトやタスクのリストは、優先順位の高いものから順に書き出し、時間をかけてていねいにこなしている。

○意思決定についてのプロセスが効率的で、チーム全員が理解し信頼している。

○チームがスピーディに行動している。仕事の内容に変更が生じても対応が早い。

「アマゾン」のCEOジェフ・ベゾスは「必要な情報を70パーセント程度手に入れた時点で決定を下すべきだ。たいていの場合、90パーセントの情報を得たときには、恐らく遅れをとっている」と述べている。

○決定が下されたら、全員が目標を達成するために全力で働き、即座に行動する（たとえ決定に反対であっても）。新たな情報がもたらされないかぎり、決定に対して批判したり、拒否したり、業務を引き延ばしたりしない。
○重要な情報が浮上したら、現在の計画を変更すべきか、あるいはどう変更するか考察する。
○いかなるタスクも、誰がいつまでに行うか決められている。担当者は取り決めにもとづき、速やかに確実にタスクを実行する。
○チームに回復力があり、つねに学ぶ姿勢が身についている。どんな失敗も糧《かて》に変える力があり、同じ間違いはしない。

短期的な成果、長期的な成果

夢をかなえる人は、今日、1週間、1カ月間といった短期的かつ現実的な業務をこなしながらも、1年後、3年後、10年後の目標に向かって舵取りを行っているものです。

マネジメントとは結局のところ、バランス感覚に尽きます。計画と実行についていえば、

3カ月後のことばかり考えていれば短絡的な決断しか下せませんし、数年後ばかりに目を向けていれば、ふだんの業務で素早い決断ができなくなります。

バランスを欠いた視点によってどれだけリスクが生じるでしょうか。

雇用：重要な任務のために新たに人材を採用したいが……

《短期的な視点に偏っている場合》

妥当な人材だと思えたので、最初に面接した志願者を採用したが、目の前の業務をこなすだけで、自分の役割に合わせて成長できないことがわかった。上司であるあなた自身も1年後、再びスキルギャップを感じ始める。

《長期的な視野に偏っている場合》

採用のハードルを高くしすぎたため人材が見つからない。志望者を次々と不採用にする。半年経っても採用できず、チームの業績にも影響が生じる。

計画立案：競争が激しい業界のCEO。投資を決定する必要に迫られている

《短期的な視点に偏っている場合》

短期的な視点から鑑みるとコストが高いので、将来に向けた投資を行わない（設備投資など）。一方、競合会社は投資を行っており、2年後、商品を安く速く供給し、大きく差をつけられる。

《長期的な視野に偏っている場合》

現在の市場状況を鑑みた上で、3年単位のプロジェクトにGOを出す。しかし1年後、市場の状況が変化し、計画も意味をなさなくなる。

マネジメント：あるプロジェクトを担当する部下が成果を上げていない

《短期的な視点に偏っている場合》

一時しのぎで部下をいちいち管理し、一方で、自分のプロジェクトで成果を上げようと集中してみるが、どちらもうまくいかない。

《長期的な視野に偏っている場合》

部下のパフォーマンスを上げるために指示を行うが、即座に効果が表れず、プロジェクトも進まない。

こういった例からわかるとおり、短期的な取り組みと長期的な取り組み、どちらかに偏っていたら物事はうまく運びません。マネジメントには状況を見ながらバランスを取ることが求められます。

本当は何を解決したいのか

2016年、わがデザインチームは「リアクションボタン」の拡大に挑戦しました。この改定に踏み切ったのはユーザーからの声がきっかけでした。

友人の投稿になにかしらの反応を示したいけれど、投稿によっては「いいねボタン」を押すことに抵抗がある。友人がつらい体験をシェアしたときは励ましたいという気持ちになるし、世界を揺るがす事件が起こったときは、悲しいし怒りを覚える。

それに、あまりにも素晴らしい出来事が起こったときは、「いいね」だけでは物足りない——というのがその意見でした。

リサーチを行った結果、多くの人々が意見を寄せてくれました。一番多かった意見は「なぜ『いやだねボタン』はないのか」というもの。確かに、不快に感じたことには「いやだ」

と表現するほうが理にかなっています。

私たちは「いやだねボタン」について検討を重ね、絵文字アイコンの案も考えました。しかし最終的に「いやだねボタン」は適当ではないという結論に達したのです。デザインチームにとって「世界のつながりをより密にすること」は、共感という経験のデザイン化を意味します。しかし「いやだねボタン」は安易な誤解を生じさせ、「フェイスブック」の理念には合致しないと思ったからです。


たとえばあなたがある映画を観にいき、「宣伝のわりに大したことはなかった」と投稿したとします。この投稿に私が「いやだねボタン」を押したら、あなたはどう思いますか？「私もその映画が気に入らなかった」という意味にとらえるか、「映画を観にいったことが気に入らない」ととらえるか。

あるいは「自分はおもしろい映画だと思ったのに、その感想は心外だ」と言われたと感じるかもしれない……。

私たちはさらにリサーチを続けました。「いやだねボタン」が欲しいと回答したユーザーに尋ねたところ、彼らが悲しさや怒り、同情や驚きといった気持ちを表現したいと思っていることがわかりました。私たちはこの意見を受け入れ、さらに人気だった2つの感情

（「Love」と「ウケるね」）を合わせて、新たなリアクションボタンのシステムを開発したのです。

このことにより、多様な感情を伝えることが可能になりましたし、デザインチームとしても、会社の理念に沿う結果になったと思っています。

私の上司のクリスはかねてから「見取り図も決まっていないのにキッチンのデザインを考えるものではない」と言っています。大局を見据えることからすべてが始まるという意味です。

どんな問題を解決したくて行動を起こすのか？　デザインを刷新することでユーザーにもたらされる価値とは何か？　広い視野から物事を見つめることで、チームの優先順位も決まってくると覚えておいてください。

成長のための「ポートフォリオ・アプローチ」

新人管理職から聞かれる質問の中でもっとも多いのが「目の前に仕事が山ほどあるのに、長期的な仕事について考える時間をどうやって捻出《ねんしゅつ》しているのか」というものです。

日々の業務を犠牲にしないかぎり、月単位、年単位の長期的なプロジェクトについて計画を練るなんてとてもじゃないけどできない、と考えたからこそ、このような質問をぶつけてくるのだと思います。

でもそんなことはありません。私の同僚の1人は投資家に似たやり方で戦略を立て、チームを運営しています。ファイナンシャルアドバイザーが1つの資産だけに投資しろとは言わないように、ひとつの業務だけに一定の時間を費やす必要はありません。

彼女はチームを3つに分け、それぞれ短期、中期、長期の仕事を分配しています。①数週間で終わる仕事、②数カ月単位の仕事、そして、③数年間かけてイノベーティブなアイデアを形にするプロジェクトの3種類です。

投資や資産運用の世界では、分散投資のために投資先や金融商品をメンテナンスすることを「ポートフォリオ・アプローチ」といいますが、まさに同じやり方です。日々の業務をこなして実力を磨きながら、一方では将来を見据え、今後どう成長すべきか考える。

この取り組みを10年間続けてきた結果、彼女のチームはさまざまなチャンスに恵まれ、特にこの3年間を通して大きなプロジェクトを次々と手がけています。

マーク・ザッカーバーグの決断

大きな組織や企業には全社共通のミッションがあります。

前述した「すべての鍋にチキンを」をはじめとして、「世界で一番顧客を大切にする会社」(アマゾン)、あるいは「アメリカでもっとも成功し、尊敬される自動車メーカー」(米国トヨタ)などが代表的な例でしょう。

チームの理念は数カ月、数年で形になるかもしれませんが。企業の大いなる野望をかなえるためには数十年という月日が必要になるかもしれません。

「フェイスブック」の設立から間もないころ、マーク・ザッカーバーグは10億ドル(約1000億円)で買収のオファーを持ちかけられました。

彼は当時を振り返り、経営者としてもっともつらかった時期だったと語っています。自分の会社は世界を変える可能性を秘めていると信じていたものの、投資家や社員、アドバイザーなど、各方面からプレッシャーがかかっていました。

「ほぼ全員が会社を売却したがっていた」

彼は2017年、ハーバード大学での講演でこう語っています。

「目的意識を持たないスタートアップ企業なら、(会社を売却することで)夢がかなったと思うところでしょう。このことで会社は分裂しました。ある顧問と激しい議論を戦わせた後、彼はこう言ったのです。『今売却しなければ、一生後悔することになるぞ』と」

しかしこれが彼にとっての転機になりました。マークは会社を存続させ、「フェイスブック」の将来に賭けると決めました。そして彼はこの1件で、明確なビジョンを設定し、高い目的意識を持ち続けることがどれだけ大切か学んだのです。

大切なのは、自分の目標を、自分の進化を測る判断基準の結果と混同してはいけないということです。

たとえば業界でもっとも優れた顧客サービスを提供したいので、顧客からのクレームを早急に処理しようと考えるでしょう。顧客サービスはスピード感が大切です。そこであなたは「クレームを3日以内で解決する」ことを目標に掲げます。

確かに素晴らしい目標ですが、素早く問題を解決してもサービスの質が低下すれば、本来のビジョンの達成に近づくことはできません。業界でもっとも優れた顧客サービスを提供するという、あなたの本来の目的とはずれが生じます。

ある特定の目標ばかりを追い求めると、担当者を混乱させ、顧客のニーズとはかけ離れた結果になってしまいます。こういう本末転倒な決断をしてしまう組織は後を絶ちません。

失敗から学ぶプロセス

ものづくりにおいて私が真っ先に学んだこと、最先端のテクノロジーについて、とくにいえることですが、「完成品」は存在しないということです。

「バージョン1・0」を世に送り出した後は、反省し、学び、改良品である「バージョン2・0」「3・0」を送り出す——そのくり返しです。

プロセスの改善に有効な方法のひとつは「振り返り」の時間を設けること。プロジェクトの終了後、あるいは定期的に、または予期せぬ事態やミスが生じたときなど、時期を見て行うことをおすすめします。

具体的な手順としてはチームを招集し、1時間ないし2時間かけてプロセスの流れを振り返ります。よかった点や悪かった点を洗い出し、改善点を明確にします。

成功を継続させるにはどうすればいいか。

同じ失敗をくり返さないためには何が必要か。

「振り返り」の目的は責任追及ではなく、これまでの慣例を見直すこと。あくまでも経験を将来に活かすための学習の場としてください。

ですからリラックスして自由に意見を述べる環境を用意し、できるだけ客観的にプロセスを見直してみましょう（たとえば「10月20日、AさんとBさんがプロジェクトの可能性について論議。11月16日にプレゼンを実施し、チーム結成のゴーサインが出る」というふうに議事録を取っていきます）。

反省点を振り返る場合、特定の個人を非難するような言い方はせず、あくまでもチーム全体の責任を明確にする表現を用いましょう（「〇〇さんが対処を誤ったために……」ではなく、「プロセスに不手際があり……」とする）。

ここは**個人のミスの断罪の場ではなく、失敗から学ぶための考察の場である**ことを忘れないでください。

振り返りの議論は議事録にまとめ、多くの人々と共有することをおすすめします。

成功や失敗からの学びをチームだけのものするのではなく、さまざまな人々と分かち合うことで、皆の成長やミスの回避につながります。結局のところ、回復力のある組織はミスを防止するだけでなく、ミスから学び、適応していく力が高いのです。

「シンプルなマニュアル」をつくる

社会生活や経済を維持させるためのプロセスは、その多くが驚くほど複雑です。

飛行機の離陸なら、機内を清掃し、燃料を補給し、乗客をチェックインさせ、荷物を積み、安全点検を行うなどのプロセスが必要です。すべてのステップを記憶するのは至難の業《わざ》で、いざというときに即興で行うことなどできるはずがありません。

こうした複雑な過程を必要とする行為には「プレーブック」、つまり「マニュアル」が必要だと思います。

管理職の業務のひとつは、この「プレーブック」を編集することです。

会議の運営方法、新入社員との契約方法、プロジェクトを予定どおりに予算内で終わらせる方法などを記載しておくのです。日常業務の中でくり返し行っていることは、マニュアルやチェックリストを作成するのもひとつの方法。

以前、チームの業務の進捗状況をまとめ、週に1回メンバーにメールでシェアする試みを始めました。当初は簡単でした。プロジェクトの状況を頭の中で整理し要約してから、メモにまとめればよかったのです。

1年間ほど続けたころ。チームが手がけるプロジェクトが増えるにつれ、作業にミスが目立つようになります。実のところ私自身、メンバーがどんなプロジェクトを抱えているのか思い出せなくなってきました。

しかも、月曜日の朝になるとメンバーが私のもとにやって来て、「私のプロジェクトが載っていませんでしたが、重要度が低いということですか？」と言うのです。

そこで私はシェアしたい情報をメールで送ってほしいとメンバーに依頼しました。メンバー全員の進捗状況を記憶する必要がなくなり、やっと肩の荷が下りました。いわば情報のクラウドソーシングです。

しかし、そう簡単に事は運びませんでした。

皆が進捗状況をメールで送ってくれるのはいいのですが、人によって書き方も違えば、報告の詳しさもまちまち。私は全員の情報を抜粋したりつなぎ合わせたりして、誰が見てもがわかるような内容に編集し直さなければならなくなりました。

そこで、再試行。

「メールで進捗状況を提出するときのポイント」と称したマニュアルを作成してみたのです。

マニュアルには、仕事の進捗状況を共有する狙いや、メールに記載してほしい内容、書き方についての注意点などを盛り込み、フォーマット化して、チームのメンバーに送付しました。

このやり方は、今のところ効率化に大きな効果を上げています。とはいえ今後も状況の変化に応じて変えていく必要があるでしょう。

古代ギリシアの哲学者、ヘラクレイトスはこう述べています。

「誰も同じ川に二度足を踏み入れることはできない。なぜなら、川は常に変化しているし、人も常に変化しているからだ」

どんな挑戦も川を渡るようなものだと思います。飛び石や川の流れ、エディライン（たまり）を確かめ、計画を立てて、川に足を踏み入れ、足を滑らせながら向こう岸にたどり着くのです。

第 8 章

さらに「大きなチーム」を率いる

これまでのやり方が通用しない！

私のチームがまだ小規模だったころ、新人デザイナーが入ってきた日は、お祭り騒ぎでした。

仲間が増えたことがうれしかったし、新人さんは新しいデザインセンスやユニークな視点をもたらしてくれるし、人間を理解する上でもとても大切だと感じていました。

仲間の加入は、既存メンバーの士気を上げげました。新メンバーを迎えたことで視野も広がり、刺激が生まれてきます。大きなピザを2枚用意すれば、全員がお腹いっぱいになった時代でした。

そんなある日、ふと気がつくのです。これまでのやり方が通用しないことに。

あるとき、プレゼン希望者を募ったところ、どどっと10人が手をあげたのでした。これまでは一度の会議で5、6人プレゼンできればよかったのに。

それだけではありません。チームの規模がふくらむにつれ、私のスケジュールも立て込んできました。

予期せぬ事態が生じたり、連絡事項が増えたり、把握しておかなければならないことも増えました。そして、この傾向はしばらく続きました。

シリコンバレーのキーワードは「急成長」。

夢と野心に誘われ、どの企業もチームも目まぐるしく変化を続けています。

仕事を始めたころと現在と、何が変わったかよく聞かれますが、振り返ってみると、小さなチームから大きなチームへと変わり、マネジメントの性質が大きく変化したことがあげられます。

チームの変化① 直接的なマネジメントから、間接的なマネジメントへ

たとえばメンバーが5人程度なら、それぞれのメンバーと個人的な関係を築くことができます。彼らの仕事について理解を深めることもできますし、彼らの考えや長所、ひいては趣味など、仕事以外の関心事についても知ることができます。

しかし部下が30人いれば、全員を直接指導することは難しくなりますし、少なくとも同等に接することはできないでしょう。

週に1回、30分間の「1on 1ミーティング」を50人に行おうとすれば、計25時間かかります。つまり1週間の半分近くを費やすということ。その後フォローアップを行えば、

自分の時間はほとんどなくなります。

私の場合、時間の捻出に苦労するようになったのは、部下が8人を超えたころからだったでしょうか。

彼らをサポートしながら新規の雇用について考えたり、クオリティの高いデザインを提供したり、製品やサービスの戦略について助言を与えることが難しくなってきたのです。

チームの人数が増えると、補佐役として新たに管理職を採用したり、部下を管理職として育てたりするのはそのためです。

それにともなって、現場で直接部下を指導する機会は減ります。チームの成果についてはは引き続き責任を負いますが、細部まで知ることは難しくなります。

あなたのアドバイスがなくても物事は決まっていきますし、直接指導していたときとは異なる方法で仕事が進んでいきます。

当初は、指揮能力を失ってしまったような気がしてとまどいました。しかし権限移譲は必須です。問題に深く関与しながらも、距離を置き、部下にゆだねていきましょう。

チームの変化② まわりの態度がよそよそしくなる

それは数年前、チームの規模がまだそれほど大きくなく、メンバー全員を把握できたころのことでした。

デザインのフィードバックを行うため、部下3人がプレゼンを行う会議に出席しました。フィードバックのあと、次週にもう一度チェックを行うと決め、最後に質問や意見があるか尋ねたところ、皆が首を振ったので、ホッとしました。

その日、会議に出席した直属の部下と話をする機会がありました。なにか困っているようなので聞いてみると「会議に出席したメンバーと話したところ、フィードバックに満足していないらしい」と言うのです。冗談かと思いました。

「どうして？　だって誰もなにも言わなかったじゃない？」と返すと、部下は一瞬口をつぐんでから「あー……、それは、ズオさんが雲の上の人になってしまったから、いろいろ言いづらいんですよ」と答えたのです。

この私が「雲の上の人」ですって？　そんなこと、今まで誰にも言われたことがなかったので仰天しました。私がいつそんな偉い人になった？

このとき、まわりは、自分が思うようには自分のことを見てくれないのだと知りました。

相手が私のことをよく知らず、「組織の中の偉い人」という認識しかなければ、たとえ私の言うことが間違っていると思っても、本心を打ち明けたり異を唱えたりしないのです。

たとえ、「指摘してほしい」と望んでも、彼らはなにも言わないでしょう。

上司の思うようにやらせるしかないと考えているのかもしれません。

余計なことを言って失望させたくないのかもしれませんし、悪く思われたくないのかもしれません。

新たな問題を持ち込んで時間を使わせ、上司に負担をかけたくないという気持ちもあるかもしれません。

部下と接するときには自分の立場を自覚することが大切です。


自分の立場を利用してモノを言っていませんか？

自分の質問が命令のような印象を与えることはないですか？

事情を知らないのにもかかわらず、状況を楽観視していることはありませんか？


まずは部下が意見を言いやすい環境づくりを心がけてみましょう。

断言や命令口調は避け、意見を募りましょう。反対意見も大歓迎だと伝え、実際に意見を言ってくれた部下には感謝を伝えてください。自分のミスを率直に認め、自分もみんなと同じように間違いを犯すので指摘してほしい、と言うのもいいでしょう。たとえば、こんな言い方がおすすめです。

「見当違いなことを言うかもしれないので、疑問や反対意見があったら申し出てほしいんだ。私としては……」

「こうした場合、君が私の立場ならどうする？」と直接アドバイスを求めるのも効果的です。

チームの変化③　毎日、瞬時に切り替える必要がある

小さなチームを率いていたころは、午後になるとデザイナー数人とホワイトボードに向かい、アイデアを練っていたものです。膝を突き合わせ、作業の流れを丹念に確認していると、すぐに時間がたっていました。

しかしチームの人数が増えると、ひとつの業務に長時間を費やすことは難しくなってきました。人が増えれば取り組むプロジェクトも増えます。そうなると、私の時間も細分化されます。

10通のメールが届けば内容も10通分ですし、会議もそれぞれ議題が異なります。会議が立て続けに行われる日は、ひとつの会議を終えるごとに頭を切り替え、気持ちを整えなけ

ればなりません。

ひとつの仕事が思うようにいかなかった日は、気分が落ち込み、注意散漫になりました。プレゼンを聞いている最中に、別の仕事のことを考えていることもありました。１日が1週間のように長く感じられ、ため息をついたものです。

時間がたつにつれ、これが私の仕事だと達観するようになりました。

手がけるプロジェクトが2倍、3倍、4倍と増えていくのなら、そのつど気持ちを切り替え、集中力を高めるしかありません。

その後、自分なりの気持ちの切り替え方法を考え出したことで、少し楽になりました。

たとえば毎朝カレンダーでその日の会議を確認し準備する。

スケジュール管理のためにノートを戦略的に活用し、仕事の優先順位をつける。

週の終わりに振り返りの時間を設ける、など。

それでも効率よく仕事を片づけられない日もあります。でも、それは仕方のないこと。どんなときでもマルチタスクを抱えているのがリーダーだと腹をくくるのです。大きな仕事もあれば小さな仕事もある。ときには予期せぬ業務が飛び込んでくることも。

日々の仕事を続けていくことで、身についていくこともあります。

チームの変化④ 優先順位が必須になる

小さなチームを率いていたころは、パソコンの電源を落として会社を後にするときには、仕事はすっかり片づいていたものです。メールにはすべて返信し、「ＴＯ ＤＯリスト」にも全部線を引き、懸案事項もなければ、気にかかることもない。

しかしチームが大きくなると、そうした日々は希少となり、ついにはゼロになりました。仕事は優先順位がモノを言います。確かに細かい部分を見れば見るほど、気に掛かる点が現れるもの。

スケジュールが遅れている。

意思の疎通がうまくいっていない。

部下がやるべきことをやっていない……。

どんな状況でも改善の余地はありますし、修正すべき点はいくらでもあげられます。

しかし体はひとつしかありませんし、時間も限られています。優先順位をつけるしかありません。

注意すべきこと、やるべきこととやらなくていいこと――どこで線引きをするか考えてみてください。完璧主義は禁物です。私自身、もっとも重要なことだけに専念し、数多くの可能性を断念する境地にいたるまでには、とても時間がかかりました。

チームの変化⑤　人をまとめるスキルがいる

椅子取りゲームのように、数年ごとにチームのトップを替えるCEOの話を聞いたことがあります。現場で働く人々の気持ちを無視した行為ではないかとびっくりしました。販売担当の役員がいきなりエンジニアのチームを運営したり、財務の責任者がマーケティング部門に異動し、いきなり力量を発揮したりすることなど、簡単にできるはずがありません。

しかし今では、こうした人事はそれほど現実離れしたものでもないと思っています。

チームの規模が大きくなると、管理職は特定の専門分野について経験を積むことよりも、部下の才能を最大限に発揮することに時間を費やすようになります。

販売やデザイン、技術部門や情報システム、財務や人材管理など、すべての分野を一手に引き受け、専門性を発揮できるCEOはいません。

むしろそれらの部門を立ち上げ、導くのが彼らの務めなのです。

リーダーの成功とは、ごくひと握りのスキルに集約されます。それは優秀なメンバーを発掘し、自律的なチームを構築し、明確なビジョンをつくり、意思疎通を図ること。**リーダーに求められるのは、専門分野ではなく、人をまとめること**なのです。

任せるか、引き受けるか

チームを率いる上で悩むのは、部下にどの程度権限を譲ればいいかということ。

つまり上司としていつ手を差し伸べ、いつ部下に任せるか、そのバランス感覚は非常に難しいものです。

自分がかかわるにしろ手を引くにしろ、極端すぎればうまくいかないもの。

ちまたには部下を細かく管理しなければ気がすまない「マイクロマネージャー」が存在します。意思決定をすべて牛耳《ぎゅうじ》り、部下を監視し状況を逐一報告させ、些細なことにまで首を突っ込む――。

「〇〇くん、先日の報告書、訂正したの？」

「中国からの荷物はいつ届く？」

「この梱包デザイン、青色がいまいちじゃないか？」

こんなふうに口をはさんでいれば、「部下のまわりをうろちょろして、いちいち意見を言う上司」という悪名を、確実にとどろかせることになります。

それで成果を得られたとしても、部下は息が詰まります。能力のある部下ならあなたを見限って去っていくでしょう。上司から信頼されず、手腕を発揮するチャンスもないのですから。

「あの上司は自分の思いどおりになるロボットが欲しいだけ」そう噂されるのが関の山です。

一方、部下にすべての業務を丸投げしてしまえば、単なる「不在上司」です。

口出しされないことをありがたがる部下もいるかもしれませんが、多くは上司からのサポートを必要としているものです。あなたがいない職場は、いわば西部劇の世界。盗賊たちが襲来しても、保安官がいなければ、ただの無法地帯に成り下がってしまう。

部下のために体を張ってくれない上司の手は汚れることはありません。

意思決定もしない、積極的になにかを推し進めることもない。

そのうち管理職としての信用も失墜します。

指導や励ましもないから部下も成長しない。いてもいなくても変わらないと噂され、ついには「オーバーヘッド（役立たず）」と揶揄《やゆ》されるかもしれません。

これほど極端な上司はいないとしても、私たちは自分の価値観を基準に、どちらかに偏ってしまいがちです。

私が管理職になりたてのころは、部下から距離を置き、あまり口出ししないように努めていました。私自身、上司に干渉されるのが好きではなかったからです。

しかし部下からもっと積極的なアドバイスが欲しいというフィードバックを受け、一転。今度は態度を改めたのですが、改めすぎたせいで「やりすぎ！」と言われてしまいました。

意思決定に自信がある部下なら、私の対応は過干渉だと感じるでしょうし、そうでない部下なら「もっと上司に助けてもらいたい」と言う場合も。どうバランスを取ればいいかは、そのときになってみないとわからないものです。

「うまくいっているようだから、自分は別の仕事に集中しよう」と思ったものの、数週間たって「私の配慮が足りなかった。もっと綿密なアドバイスをすればよかった」と思うことだってあります。

有能な社員の望み

ここまでの話から、私が権限移譲について積極的だと思うかもしれません。しかし、実際のところもっと複雑です。

そもそも部下に苦労させる上司なんて最低だと思っていました。ダメな上司ほど、部下に仕事を丸投げして、自分はワインをすすったり、朝からゴルフを楽しんだりしているじゃないか。

まだ経験が浅かったころの私は、部下のために働き、部下のために苦労してこそ、真の上司だと信じていたのです。しかし、この考え方には誤りが2つあります。

ひとつ目は上司としての自分の能力を過大評価していること。確かに上司はさまざまな問題を解決できる立場にありますが、個人としてはそれほど多くの問題を解決できる力量はありません。問題の解決に尽力し、ベストな解決策を講じてくれる仲間がいるからこそ、自分の力を発揮できるのです。

2つ目の誤りは、難しい仕事に取り組むのが嫌いな人ばかりではないということです。むしろ**有能な社員は、特別あつかいも「楽」なプロジェクトも望んでいません**。なにしろ、彼らはチャレンジが大好きなのです。

そうした部下には、解くのが難しい結び目のような仕事を任せてみたらどうでしょう。たとえ自分ではほどき方がわからなくても、この部下ならできると託してみる。彼らへの信頼をこれほど示せる方法はありません。

もちろん、大切なのは、彼らが絶対にできると信じることです。

難しいプロジェクトを任せるのなら、自分は1歩引き、彼らにリーダーとしての立場を与える。次に、他のメンバーには、今日から彼／彼女をプロジェクトのリーダーと見なしてほしいと伝える。そうすることで任せられた人には説明責任が生じます。

さらに重要なポイントは、上司であるあなたが公に宣言することで、プロジェクトを任された人に〝権限〟が生まれます。

たとえばあるCEOがEさんという社員に会社の財務を任せたとします。

Eさんが財務係としての業務を遂行するためには、自分が設定した予算を尊重してもらい、必要に応じて情報を提供してもらう必要があります。

こうした場合、このCEOが「Eさんはわが社の最高財務責任者である」と全社員に宣言するのと、他の社員に知らせずに非公式に業務を依頼するのと、どちらがEさんにとって仕事がやりやすくなると思いますか？

また、**権限を委譲したからといって、あなたの責任がなくなるわけではありません。**

水泳の初心者をプールの一番深い場所に放り込んで、自分はプールサイドでおやつを食べている――そんなコーチはいません。

あなたも部下にすべてを丸投げせず、そばで見守る必要があります。部下がリーダー役を担っているものの、あなただって同じ船に乗っているのです。

「1on1」を情報共有の場にしない

はじめて管理職になったころ「1on1ミーティング」では、部下の近況を尋ねたり、デザインワークや製作中の商品について話し合ったり、次週の予定について確認を行ったりしてきました。

しかし「1on1」でチームの情報すべてを把握することは不可能。そもそも情報交換のために打ち合わせをしていたら、いいマネジメントはできません。

「1on1」はあくまでも部下をサポートするために行うものです。

また、部下が取り組んでいる業務について、すべてを把握することも現実的ではありません。とくにチームの規模が大きくなり、補佐役の管理職がいる場合、彼らがリーダーを務めるプロジェクトについて、詳細を知ることは難しいでしょう。


必要なのは情報ではなく、チームにとって何が大切なのかを共有することです。


歴史学者のユヴァル・ノア・ハラリは自身のベストセラー本『サピエンス全史』(河出書房新社)で、人類が地球上でもっとも成功した理由として、頭の中のビジョンを共有し、面識のない人とも一緒に仕事ができることをあげています。

「そもそも人類が地球の支配者となった理由は、われわれが大勢の赤の他人と柔軟に協力できるからである」と彼は語っています。

ビジョンを共有するためには、チームをまとめる管理職やリーダーと、2つの質問について考えてみてください。


ひとつ目は「現在、チームがもっとも優先すべきことは何か」。

チームのために自分たちがどんな役割を担えばいいか話し合います。たとえば会社が新たな戦略を展開している場合、なぜその戦略が必要なのか、チームにどんな影響がもたらされるか、意見交換をしましょう。

サービスや製品の発表が迫っていて、残業続きの日々が続いている場合は、業務を効率的に行うためにどう協力すればいいか、一緒に確認してください。

チームにとっての優先事項が共有できたら、次は2番目の質問です。

「仲間についての考え方や仕事の目的、仕事のプロセスについて、意見が一致しているか」

チームを育成するにあたり何が重要か。

上司は部下の意向をくみ取っているか。

部下は上司としてのあなたの期待を把握しているか。

業績を上げているメンバー、期待に応えていないメンバーについて見解が一致しているか。これらの点について、じっくり話し合ってみてください。

以前、あるプロジェクトについての情報共有を行うため、私の上司を交えて数人と会議を行ったときのことです。

最近発表したサービスの評価が思わしくなく、開発チームが気落ちしているという話を耳にしていたので、厳しい意見が交わされるだろうと覚悟しながら会議室に入りました。しかし私たちの上司の言葉は意外なものでした。

「いろいろあるみたいだけれど、僕が一番知りたいのはチームのことだ。このチームには、適切な問題をこなす、適切なメンバーがいるだろう？」

彼の言葉は雑音を払いのけ、私たちの心に響きました。

一番大事なのは、プロジェクトではなくメンバーです。いいチームは、いい仕事を行うための必須条件。あなたの部下である管理職とは、メンバーについて話し合うのはもちろん、仕事の意義と目標について、意見を一致させておくことをおすすめします。

日々のタスクも、会議も、メールのやり取りも、どんな小さな仕事にも大きな目的があるはずです。**そもそも毎日ベッドから這い上がって会社に来る理由は何か。チームが目標を達成したら、世界にどんな変化が訪れるか**。

こうした疑問について、ときどき部下と意見交換することで、彼ら自身も仕事の目的について、深く自覚するようになるはずです。

上司が悩むとき

あなたの部下である管理職が、期待に反して、自分の役割を十分に果たしていなかったらどうするべきだと思いますか?

「上司なのだから、サポートし手助けする」とあなたは答えるかもしれません。もちろんそれは間違っていません。部下を励まし問題解決に寄与するのが上司の役目であるとお話ししてきました。

そもそも管理職とは、部下に絶対的なパワーを与える存在であるべきです。この資質に欠けている場合、チームに与える代償は大きくなります。

タイミングを見計らわずに指導をしたり、過度な口出しをしたりすればプロジェクトは長引きますし、間違った判断を下せば業績も悪くなります。

部下が必要としていることを満たさなければ不満が溜まります。事態を悪化させるつもりがなくとも、チームを停滞させるでしょうし、たとえ上司がトラブルの火消しをできても、チームメンバー全員のトラブル対処能力を上げることはできないかもしれません。

管理職としての役割を果たしたとしても、有能な人材をつなぎとめておくことができないかもしれません。あなたが時間の許す範囲でアドバイスをしているにもかかわらず、彼らはそれ以上の指導を求めるかもしれません。

あるいは、急成長を遂げる企業では、プロジェクトを立ち上げるために新たなチームが次々と結成されます。最初はチームも小規模でまとまりに欠けるでしょう。どうすれば足並みを揃えることができるのでしょうか？

時間を早送りして、チームの2、3年後の様子を見てみましょう。メンバーの努力、そして運も幸いして、先行きが不透明だったプロジェクトのいくつかは大成功を遂げています。

業績に伴うようにチームの規模も急激に拡大しています。

小さなチームをなんとか成功に導いたマネジャーは、現在は大規模なグループを率いており、さまざまなプロジェクトに携わっています。当初は穏やかな海を走る帆船のようだったチームも、現在は荒波に翻弄されているかのような苦労を続けています。

こうした状況の中で、自分が岐路に立っていることがわかるでしょう。

もちろん、私は自分の部下であるチームのリーダーたちを信頼しています。スキルはまだ十分とはいえないものの、いつかは成長を遂げるでしょう。自分もかつては波にもまれ、苦労した経験がありますから、固い意志と努力、そして時間を経ることで人は誰でも成長できると信じています。

しかしどれだけの時間を経れば人は成功できるのか。時間がかかれば、チームの成長に悪影響をおよぼすのではないでしょうか？

かつて私がある部下——ここではFさんと呼びます——に疑問を抱き、どう対処すればいいか悩んでいたころ、「インテル」の創設者アンディ・グローブの次の言葉に出会いました。

「その部下は仕事ができなかった。同僚は『そういうヤツはミスをして勉強すべきだ。なぜなら、そこから学ぶものなのだから！』と言う。しかし、問題は部下の授業料を顧客に払わせることだ。これは絶対に正しくない」

アンディ・グローブは、マネジメントの最終的な目標は優れた業績を上げることだと述べています。誰かがその役職にふさわしくない仕事を続けていれば、それは損失です。最後の手段を行使して、あなたはみずからその代償を支払うか、その代償を他のメンバーや顧客に背負わせるか——どちらを選びますか？

そんなとき、ある友人が、こんなふうに言ってくれました。

「たとえばその職が空席になったとする。君はその部下を再び採用するか、それとも思い切って他のメンバーを試してみるか、どちらだろうか？」

彼の質問のおかげで、私は重要なことに気がつきました。私はこまごまとした悩みにとらわれていました——Fさんはどう思うだろうか。私のフィードバックが足りなかったのではないか。他のメンバーがショックを受けるのではないか。

しかしもっとも大切なことを自分に問うのを忘れていたのです。

「今後数年間でチームがより成長するためには、どうすればいいか？」

翌週、私はFさんに、現在のポジションから退いてほしいと告げました。簡単ではありませんでしたが、今考えてみても適切な判断だったと思います。その後新たに就任した管理職は、大きなチームを率いてきた経験豊富な人材でした。

老練の船乗りのごとく、彼はのんびりと帆を下ろし、嵐の中を悠然と進んでいきました。数カ月後チームは業績をあげ、チームの雰囲気も大きく改善されたのです。

魚を与えるより「魚の捕り方」を教える

私は以前、毎週月曜日に行われる、「デザイン勉強会」を運営していました。まだ小さなチームを率いていたころに思いつき、みずからアジェンダをつくり、司会役も務めていました。

デザイナー全員が集まり、最新の情報を交換し、業界内の優れた仕事の実例を学び、ときには新入りのデザイナーを歓迎する、この週に一度の催しを、私は楽しみにしていました。

正直言うと、自分の企画が実を結んだことに気をよくしていたのです。

管理職に就任した当初は他に手をあげる人もいませんでしたが、数年たつと事情も変わってきました。会議の運営を任せられる部下が増えてきたのです。

たまたま私が育児休暇に入るとき、仲間数人に代役を頼んだのですが、育児休暇を終え復帰してみると、彼らは私よりはるかにうまく会議を進行させていました。

このとき、私は気づいたのです。自分はとうの昔に退くべきだった、と。

権限委譲を判断する際の、私のルールをご紹介しましょう。

「その仕事が組織にとってきわめて重要で、その仕事を誰よりもうまくこなすことができる場合、引き続き、時間とエネルギーを費やすべき」

しかし部下が自分と同じくらい、あるいはあなたよりうまくこなせるようだったら、彼らに任せるべきでしょう。

たとえ自分が部下よりうまくできることであっても、それが「重要な優先事項」ではないかぎり、ちょっとおぼつかなくても、できるだけ部下に任せ、自分はサポートに回ることをおすすめします。

あなたにとっては難なく解決できる問題であっても「私がやる」という言葉はぐっと飲み込み、部下に任せてください。

「魚を1匹与えれば1日食いつなげるが、魚の捕り方を教えてやれば、一生食いはぐれることはない」ということわざを思い出しましょう。

一方、部下に託さず自分で行う業務については、組織の最優先事項に、あなたらしい価値をプラスできるかどうかも考慮してください。

誰よりもうまくこなせる仕事はもちろんですが、「組織にとって極めて重要」で「あなたらしい価値をプラス」できる仕事の他にも、上司が引き受けるべきことはあります。

上司の仕事① 重要なポイントを特定し、伝える仕事

上司の役割は俯瞰的な視野を持つことです。

数年前のことですが、発表したばかりのデザインが統一されておらず、同じデザインにするはずが、実際は見た目も機能も異なっていることに気がつきました。あるボタンはダークブルーで長方形なのに、別の画面ではライトブルーで楕円形になっているのです。「戻る」ボタンも上にあるものと下にあるものと、場所がまちまちでした。同じボタンなのにデザインが違えばユーザーもとまどいますし、なにより使いづらいはずです。

そこで私はメンバーにデザインの見本表を作成させました。この見本をもとに作業を行えばミスを防げます。これでチームの作業も迅速になり、協調性も生まれました。

上司の仕事② 最高の人材を採用する仕事

入社志願者は会社の幹部と面識を持ちたがるもの。ですから優秀な人材を見つけ採用することに関しては、まさしく有利な立場にあります。私は業界のイベントに出席したり、会議で講演したりする機会が多いので、優秀な人材をチームに引き寄せるチャンスもあり

ます。

部下には「もしすごい人材がいたら、メールでも電話でもするから、ぜひ連絡先を聞いておいて！」と念を押しています。

上司もチームのために人材をスカウトしてくれています。ＣＥＯであろうが第一線で活躍する管理職であろうが、いい人材を採用し、優れたチームを構築することは、あなたにできる重要な仕事のひとつです。

上司の仕事③　グループ内の対立を解決する仕事

たとえばチームで2つの異なるプロジェクトを抱えていて、2人の部下がそれぞれのリーダーを務めているとします。どちらのプロジェクトも人手不足。そこにチームに参加したいと手をあげる社員が1人現れました。さてどちらのプロジェクトに彼を参加させるべきでしょう。

どちらのチームに参加させるかは、あなたが決めること。2人に相談させて決めさせたりしないでください。なぜなら彼らはチームの現状や全体像を把握していないからです。

2人には、プロジェクトのゴールをめぐって対立したとき、あるいは優先順位が不明な場合のみ、相談を受けつけると伝えてください。

以前、リーダーはいつでも引き際を探しているものだと言ったとき、ある部下がこう尋ねました。

「でも、権限をすべて委譲したら、〝上司はいてもいなくても一緒〟ということになってしまいませんか？　それでもリーダーを続ける価値はあるんですか？」

いい質問です。私自身、同じ疑問を持ったことがありました。でも、

「今、抱えている仕事をすべて手放したからといって、解決すべき問題がなくなると思います？」

現在の私の仕事は、管理職になりたての自分とは大きな違いがあります。

ひとつの仕事を手放しても、また新たな仕事が浮上します。はるか遠くの目標を見ているかぎり、影響力を行使する場面はあるのです。

自分の仕事を手放すことは、部下と、あなた自身を成長させるための伸びしろをつくること。見上げてみれば、目の前にはさらに高く険しい山がそびえています。誰もがその山々に挑戦し、協力して、頂《いただき》にたどり着こうとするのです。

第 9 章

「世界一価値の高い社風」は、こうして生まれた

社員が集まる「風通しのいい文化」

「フェイスブック」の採用に応募してくる志望者は、必ずといっていいほど企業文化について質問します。

「チームの特色は何ですか？」

「この仕事の優れている点は何ですか、残念だと思う点はありますか？」

「意思決定はどのように行われますか？」

「御社の業務の進め方でひとつ改善するとしたら、それは何ですか？」


ある私の上司は以前、企業の文化について知りたいと思ったら、会社のウェブサイトを読むより、企業の価値観を守るためにどんな取り組みをしているかを探るべきだ、と言っていました。

「フェイスブック」では多くのチームが、社員が抱える問題についてサポートする用意があると表明しています。「正直なところ、社員たちの責任は取りたくない」などと認めるチームはありません。

とはいえ、責任を負うことは代償が伴うもの。

メンバーが自分のやり方を貫きたいと主張し合って、職場が混乱におちいったとしたら、容認できますか？

部下があなたの決定に異議を唱えても受け入れますか？

自分にまったくかかわりのない他人のミスを引き受ける覚悟はありますか？

「フェイスブック」の社内には、**「フェイスブックでは、どんな問題も他人事ということはない」**（Nothing at Facebook Is Somebody Else's Problem）というポスターがいたるところに張られています。

ある夏のこと、新入りのインターンがコーディングでミスをし、サービスが停止してしまいました。社員が必死で復旧作業を行うかたわらで、彼は真っ青です。自分はクビになる——間違いなく、そう思っていたでしょう。

しかし彼は解雇されず、代わりに上司が、自分の指示が十分でなかったと謝罪しました。

ほかのエンジニアたちは、事前にミスを察知しなかったことで説明責任を負いました。

さらにチーム全体で振り返りを行い、ミスの原因と今後の防止策を話し合いました。

企業文化とは企業独自の行動様式と価値観であり、物事への対処法の判断基準になるものです。

多くの部下をマネジメントするようになれば、文化を形成する担い手としての役割も大きくなります。自分の影響力を軽視してはいけません。企業の価値観をつくるのはＣＥＯだけではありません。

どんなチームの一員になりたいか

チームの文化はいわば性格のようなもの。意識しようがしまいが、必ず存在するものです。仲間と一緒に仕事をしていて違和感を覚える場合——仲間意識ではなく敵対心を感じたり、物事の処理に時間がかかったり、次々といさかいが起こったりする場合——その原因は何か、どうすれば改善できるか、検討する価値はあります。

チームの強みとあなたがチームに求める価値観から、共通項を見つけることが狙いです。

ペンと紙を用意して、次の質問に１時間程度で答えてみてください。

チームを理解するための質問

○チームについて説明するとき、最初に思い浮かぶ3つの形容詞は？

○チームの一員としてもっとも誇りに思った瞬間はどんなときか。その理由は？

○他のチームと比べて長けている点は何か？

○メンバーの中から無作為に5人選び、それぞれにチームの価値観を尋ねたら、何と答えるだろうか？

○チームの文化と、会社の文化の共通点は何か？

○ジャーナリストがチームについて取材し、記事にするとしたら、よい点と悪い点、それぞれ何をどう書くと思うか？

○メンバーが仕事のやり方について不満を表明するとしたら、上位3つは何だと思うか？

チームに求める価値観を理解するための質問

○チームの文化を第3者に5つの単語で表現してもらうとしたら、何がいいか？　その理由は？

○その5つの文化を守ることに固執するあまり、チームが悪い状況におちいってしまうとしたら、それはどんなことか？　あなたはそれを許せるか？
○他のチームや組織の文化であなたが素晴らしいと思う点は何か？　なぜそう思うか？　その文化にマイナス面はあるか？
○あなたが真似したくないと思う他のチームや企業の文化は何か？　なぜそう思うか？

理想と現実の違いを理解するための質問

○現在のチームに対する満足度を1（100パーセント不満）から9（100パーセント満足）までの数字で表すとしたら？
○あなたが高く評価している、チームの性質と強みが現れるのはどんな場面か？
○現在の文化とあなたが理想とする文化の違いは？
○チームがあなたの理想の姿にたどり着けない理由は何か？　障害を取り除くためにはどうすればいいか？
○あなたが望む1年後のチームの姿を部下に説明するとしたら、それはどんなことか？　現在とどう変わっていてほしいか？

自分の希望をチームにどれだけ反映できるかは、認められる裁量の範囲にもよりますので、実現可能のものもあれば、そうでないものもあるでしょう。とはいえ、企業文化と異なるサブカルチャーを形成し、発展させることは可能です。

たとえば、「フェイスブック」のグロースチーム（訳注：ユーザー数の拡大を目的に形成されるチーム。解析データなどからユーザーのニーズを分析し、サービスに反映させる。シリコンバレーのスタートアップ企業に多い）は厳密な情報の収集に価値を置いていますし、開発チームはひとつのプロジェクトに長期的に取り組むことで知られています。

そしてデザインチームは「問題に対して総合的な解決策を見出す」ことを大きな価値に据えています。

チームの価値観が定まったら、次はそれを発展させるためのプランを立てましょう。

シェリル・サンドバーグの対話術

管理職として仕事を始めたころ、私は部下に同じことを何度も言わないように努めていました。うっとうしく感じるでしょうし、「くり返し言わなければわからないだろう」と思っているような印象を与えたくなかったからです。

しかし、「フェイスブック」COOのシェリル・サンドバーグは、別の視点を教えてくれました。

何年か前、彼女は「言いづらいことこそ率直に言おう（ハード・カンバセーション）」というスローガンを社内に発信しはじめました。

同僚に対してストレスを感じる場合——相手が言葉を荒らげたり、重要な決定に反対したり、配慮に欠けていたりする場合——しっかり向き合い、オープンに話し合うべきだと提唱したのです。それを避けていたらなにも変わらないし、不満が募るだけだと。

ある集まりで、彼女が「ここ数カ月で、誰かに言いづらい話をした人は手をあげてみて？」と言ってから、自分の体験について話をしてくれたことはよく覚えています。

その後「ハード・カンバセーション」は「フェイスブック」独自の共通語になりました。シェリルが「話し合い」の重要性を強く訴えたため、企業の健全な文化として大きな地位を占めるようになりました。

それ以来、わだかまりがあるときはいつでも——誤解がいつまでも晴れないとき、仕事のやり方に疑問を感じるとき、同僚が私に腹を立てているとき——私はシェリルのことを思い出します。

そして勇気を出して相手に声をかけ、正直に自分の気持ちを伝えるようにしています。

確固たる価値観があるのなら、ためらわず口に出してください。

なぜそれが重要なのか、積極的に話をしてください。

難しい話になってしまいそうなら、言い方を変えたり、話す機会を増やしたりして、理解してもらえるよう努めてください。自分のメッセージを拡散してもらいたいと協力を求めれば、社内への影響力も大きくなると思います。

私自身、自分が重きを置くことについて、どう伝えればいいか考えるようになりました。最近ではさまざまな方法を試みています。

1対1の会話で自分の考えについて語ったり、

上司へのメールで週ごとの振り返りを報告したり、

優先事項について部下にメモを回覧したり、

質疑応答の時間を設け、意見交換したり。

そこでわかったのは、自分にとって大切なこと、たとえば失敗談やそこから得た学びなどを、より頻繁に、より熱心に語れば語るほど、部下もよりポジティブに受け取ってくれるということです。

彼らからは「私も同じことを思っていました。お手伝いさせてください」というメモを受け取ります。たとえ同意してもらえなくとも、ひとつの話題をオープンに語り合うことで、誰かの心に届くきっかけにはなるのです。

それに、自分が大切にしている価値観をくり返し話したからといって、これまでただの一度も、うるさいとか、頭ごなしだとか言われたことはありません。

むしろ逆の反応が圧倒的で、刺激になるとか、勉強になるとか言われることがほとんどです。

部下は上司の〝ここ〟を見ている

部下は上司の話をよく聞いているものです。上司の言動が矛盾していれば、彼らのアンテナが即座に反応します。そうなれば、信頼は一気に崩れるでしょう。たとえば、こんなことです。

◎部下には経費節約を命じるが、自分は机の上を飾りつけたり、長椅子を買ったりとムダづかいしている

◎会議に遅刻する部下に嫌味を言うくせに、自分はなにかにつけ5分は遅れる

◎チームにはさまざまな視点を持つ人材が必要だと言いながら、お気に入りの部下だけを昇進させる

◎友好的なチームづくりが目標だと言いながら、自分はすぐに腹を立て、部下を叱りつける

◎CEOは社会的なミッションに貢献するのが社是《しゃぜ》だと述べているが、じつは目先の利益しか追いかけていない

価値観に伴う行動ができないのなら、そもそも価値観を口にするべきではありません。

以前、ある部下が「1on1ミーティング」で、「仕事を早く覚えるにはどんな方法がいいですか？」と、尋ねてきました。

やる気にあふれたキラキラした眼差しを受け止めながら、質問に気をよくした私は「まわりにフィードバックを求めてみたら？」とアドバイスし、どれだけフィードバックが重要で、どうすればそれが得られるのか、じっくり説明しました。

「自分のデザインを信頼できる同僚に見せたり、どうすれば会議でうまくプレゼンできるか、アドバイスを求めたりしたらどうかな？」

彼女は「わかりました」とうなずきました。

これだけ意欲が高いのなら、すぐにでも私や同僚にフィードバックを求めてくるのではないか、そう思いましたが、そんな気配はありません。

数週間後、全社単位の「360度フィードバック」が行われると、彼女も私についてコメントを書いてくれました。「360度フィードバック」は、部下も上司も、お互いにコミュニケーションや優先順位の決定方法について、アドバイスをし合う機会です。

彼女のレポートには最後にこんなひと言が添えられていました。

「私の上司は私をはじめ、他の誰にもフィードバックを頼んでいない様子です。今後はもっと積極的に取り組んでみられてはいかがでしょうか」

ハッとしました。あれだけフィードバックの重要性を説いたにもかかわらず、自分は行動に移していなかった。しかも、彼女はそれに気がついていたのです。

私は反省し、その後は折に触れてフィードバックを求めるよう努力し、最終的には習慣化することができました。

自分が大切にしている価値観を部下に語り、部下にもそれを心がけてほしいと思うなら、

自分がまずその価値観を実行に移さなければなりません。自分がやらないくせに、なぜ誰もやらないのだと文句を言うのは、愚にもつきません。

「正しいインセンティブ」を与える

言うべきことは言い、やるべきこともやっている。これで理想の文化が実現できるかというと、そうではありません。パズルの最後のピース「インセンティブ」をはめ込む必要があります。

インセンティブとは、チームやメンバーのやる気を引き出し、意思決定や行動を変化させる「動機づけ」のことです。

インセンティブについてあなたと部下の考え方が一致しない場合——たとえば透明性を保つ方向性を定めているにもかかわらず、メンバーにとっては情報を共有しないほうが仕事がしやすいという状況であれば——その理由を確かめる必要があるでしょう。

何をどう変えればみんなが納得できるか、どこで線引きするべきか、考えてみましょう。

意図が優れていても、いい結果が引き出せないこともあります。

数年前のことですが、デザインのフィードバックを行う会議で、ほとんどのメンバーがひとつの案しか用意してこなかったことがありました。アイデアが多ければ多いほど、いいアイデアが見つかる可能性が高いものです。

次の週、私は、どんな仕事であれ、少なくとも1人につき3案は提出してほしいと頼みました。これでユニークな案が集まるにちがいないわ。

翌週の会議で、まず1人目のデザイナーが、近くリリースされる機能のプロモーション用画像をプレゼンしました。「それではお見せします」そう言いながら彼は自分がつくってきたデザインを見せてくれました。

「なるほど、手堅いデザインだね」と、私も含めた他のメンバーたち。

次に彼は「バリエーションを考えてみました。少なくとも3つ提出せよということでしたので……」と言いながら別のデザインを提示しました。

先ほどのデザインと似ています。単純に文章と図形の位置、色を変えただけ。

誰かが「このサイトの色は青って決まっているのに、なんでオレンジにする必要があるのかな？」と言いました。「意味ないんじゃないの？」

その後も会議は続きましたが、私の「少なくとも3案」という呼びかけは意味をなさないことが明らかになりました。

ほとんどのメンバーは既存のデザインを少し変えただけ。上司から言われたから、仕方がなく3案考えてきたのです。


仕事の量を重視する社風の弊害について有名なのは、もっとも多くコードを書いたエンジニアにインセンティブが与えられる例。

彼らの書いたコードは一見よくできています。

しかし、よく見るとじつはコピペでつくったコードで、量が多いだけで読みやすくもないし美しくもない。

一見シンプルなしくみであっても、いい結果が得られるかと思いきや、社員の欲求についての配慮が足りず、副作用が生じることも多いのです。

ここに**「間違ったインセンティブの設定」**の例をあげておきましょう。

機能しないしくみ① なによりも業績を重視する

ある販売チームのモットーは「個人の業績こそすべて」であった。メンバーの1人が、新たな契約先を開拓するか、同僚の契約を横取りするか、選択しようとしている。業績を上げたかった彼は、難しい新規開拓より、仲間の業績を横取りする安易な方法を選んでしまう。

機能しないしくみ②　「長期的な投資」よりも「短期的な利益」を重視する

あるエンジニアチームの賞与は、開発した機能の数を見て決められている。上司は、開発に1年を要し、ユーザーのニーズに合致した機能を開発した部下よりも、数は多いものの、インパクトの少ない機能を開発した部下に、より多くのインセンティブを与える。

機能しないしくみ③　チーム内の問題や対立を把握できない

ある管理職は「チームは仲よく」とつねに語っていた。部下がチーム内の問題を訴えても「大した問題ではない」と却下するか、問題じたいが存在しないような言い方をする。

こうした状況が続くと、メンバーは問題を隠したほうが得策だと考えるようになり、その一方で不満を募らせ、わざと効率の悪い仕事をするようになる。

機能しないしくみ④　「声が大きい人」が有利になる

ある部下がヘッドハンティングされ、現在よりも高い給与を約束された。提示された条件と同程度の給与にしなければ会社を辞めるというので、上司は承諾した。その話を知った同僚たちは、他社の面接を受けて給与アップを狙おうと画策するようになる。


部下が「なぜこうしてしまったのか」、わからないなら尋ねてみてください。たとえばこんなふうに言ってみるといいでしょう。

「顧客のニーズを考えた上で、この機能をつくったのはどうしてですか？」

そして、必要に応じ、正しい行動にふさわしい報酬が与えられるよう、ルールを修正してください。


またあなたが、メンバー同士が尊重し合う職場づくりを心がけていたとします。ある日、部下が同僚に向かってガミガミと文句を言っている場面に遭遇したとき。

もしそれを見過ごせば、その行為を許容しているというメッセージを送ることになってしまいます。

そうした場合は、その場で部下に静かに部屋から出ていくよう命じ、あとで2人きりになれる場所で「さっきの行為は受け入れられません」と注意しましょう。

一方で、チームの価値観を尊重するために、部下が難しい決断をした場合――コンプライアンスの問題から利益の大きな取引を見送ったり、自分のミスを素直に認めた場合――難しい判断だったことを認め、「よくがんばりましたね」とねぎらってあげてください。

モチベーションを高める「小さな工夫」

私が「フェイスブック」に入社して間もないころ、エンジニアたちとランチをしたときのことです。私がテーブルに参加すると、彼らが活発に論議を交わしています。

1人が、自分が考えたアイデアについて説明し、間違いなく世界が変わるよと豪語しています。誰かが「そんなサービス、100万年たっても誰も使わないだろ～」と言うと、別の誰かが反論します。

アイデアを提案した彼が私に気がつき「ズオさんはどう思う?」と聞きました。皆の顔がいっせいに私のほうへ向きます。

「えっと……」私はスープをすすりながら口ごもりました。話の脈絡がわかっていないのに下手なことも言えないし、どうやってごまかそう?

ありがたいことに、誰かが割って入って「とりあえずやってみればいいんだよ、そしたらわかるんじゃない？」と言ってくれました。すると別の誰かが「そうだな。今度のハッカソンで試してみよう！」と相槌《あいづち》を打ちました。

そのときはじめて「ハッカソン（Hackathon）」というイベントの存在を知りました。

ハッカソンとは社内で行われるプログラミングのイベントで、各自が与えられた時間の中で自分のプロトタイプをつくるのが目的です。

独自で開発してもいいし、数人の仲間で協力して試作するのもＯＫ。

会社のプロダクトとして成立するアイデアを開発すべく、皆が一心不乱に頭の中のアイデアを形にし、動かし、仲間を引きつけます。徹夜で作業を行うこともしばしばです。

「フェイスブック」のおなじみの機能には、チャットや動画など、ハッカソンから生まれたものもあります。しかしハッカソンの素晴らしさは、人々がともに協力し、「フェイスブック」の基本的な価値観「大胆であれ（Be Bold）」、「素早く動け（Move Fast）」を体現できることにあります。ほかにもこんなイベントはどうでしょうか。

◎会議前に、子どものころ好きだった映画や、心に残るクリスマスプレゼントなど、昔の思い出話を話す時間を設ける。メンバーのことをもっと知るきっかけになる

◎月に１回「図画工作ナイト」を開催し、創造力を刺激する

○月に1回、顧客の役に立ったメンバーに「お客さんを大切にしたで賞」を授与し、大きなテディベアをプレゼントする
○華やかなパーティーを開催し、参加者はドレスアップして非日常を楽しむ
○心身を整えるため、月曜日の朝にヨガを行う
○「今週の失敗」と称して、自分のミスをこっそり発表し合い、今後の教訓につなげる

マーク・ザッカーバーグが毎週金曜日の午後、10年以上にわたって続けているのが「Q&Aタイム」です。社員ならどんな質問でも彼にぶつけることができます。

会社の展望やマークが最近下した決定、会社の方針、さらには最近のニュースについての感想など、ありとあらゆる質問に正直に答えてくれます。

こんなふうにド直球な質問を投げかける社員もいますよ。

「例の案件、あまりいいと思えないのですが、なんであれに決めたんですか?」と。

「フェイスブック」をはじめとする巨大企業のCEOにとって、時間はあってないようなもの。それでもマークは毎週金曜日、必ず社員の前に立ち、尋ねられるまま質問に答えています。それはなぜか。

「フェイスブック」の大切な価値観に「すべてをオープンに（Openness）」というスローガンがあるからです。彼自身が見本を示さなければ、誰がそうするでしょうか。

文化の構築は、リーダーにとって最優先事項とはいえないし、世界を変えたいという夢や、その夢を現実するための戦略を描くことのほうが重要なのかもしれない。

しかし成功や失敗というものはたいていの場合、大きな決定から導かれるものではありません。むしろ**日々の一瞬一瞬にチームが起こす無数の行動を、あなたがどの程度理解しているかによって決まってくる**のです。

仲間同士、相手をどうあつかっているか。協力して問題を解決しているか。チームの価値観を守るために、何を犠牲にしているか。

自分の行動に責任を持ちましょう。

自分が発するちょっとした言葉や行動について、そして部下のどんな行動を賞賛し注意をうながしているか、自覚してみてください。

あなたの行動すべてが、会社の価値観や、優れたチームのあり方を物語る材料になるのです。

おわりに

旅はまだ1%しか終わっていない

チームを率いてきた道のりを振り返ると、これまでの未熟な仕事ぶりや、期待と不安と野心がないまぜになっていたころを思い出し、胸が苦しくなります。

些細な問題にむきになり、毎晩深夜まで議論を続けたこともありましたし、プレゼンの日、厳しい質問が飛び交い、心臓が破裂しそうな思いをしたこともありました。

「1on 1ミーティング」で意見が一致せず、まるで人気ドラマ『ゲーム・オブ・スローンズ』の巨大な壁に阻《はば》まれているような気持ちになったこともあります。

自分の意見は正しくてまわりは間違っていると過信して、会議でふんぞり返っていた、恥ずかしい思い出もあります。

目の前で部下が泣いているのに、なにも言えなかったことや、何カ月もの間、上司の目を見て話をすることができず、ついには泣き出してしまった日のことも思い出されます。

自分のやることに自信が持てず、先が見えず、人の気持ちが理解できず、決断できず、寛大になれず、悩んだ日々。その結果、プロジェクトが行き詰まったり、誤解が生じたり――。大切な人々が私のもとを去っていったこともありました――私に拒絶されたと思いながら。

それでも私は幸運でした。世界でもっともダイナミックな環境の中、時代を代表するリーダーのもとで、マネジメントを学ぶことができたのですから。

「フェイスブック」の社内を歩くと、なにも張っていない壁を見かけることはほとんどありません。チームの壁にも、「フェイスブック」の企業文化を模したアート作品や、近く開催されるハッカソンのフライヤー、新設されるデータセンターの完成予想図が張られています。

そして、**「大胆であれ」「フェイスブックにはどのような問題も他人事ということはない」**と書かれたポスターも見えます。

とりわけ私が気に入っているのは、オレンジ色の大きな文字で書かれた**「旅はまだ1％しか終わっていない（The Journey Is 1% Finished.）」**というポスター。縮小したものを自分のデスクにも、自宅にも飾っています。

学ぶことはまだまだたくさんありますが、時間と意志と成長のマインドセットを頼りに、歩いていくしかありません。

最近、新しく入社した部下と、慣れない環境で働くことの大変さ、前職との違い、やりがいのある仕事についてなど、数週間の研修期間で感じたことを語り合いました。

そこで彼女が「こんなすごいチームの一員になれるなんて、とてもうれしいです」と言ってくれたのです。私にとっては天にも昇る最上級の言葉でした。

仲間が一致団結できれば、共通のビジョンをもってゴールを目指す、数十人、数百人、数千人分もの心や知性を、自分のエネルギーにすることもできます。

自分がいい仕事をすれば仲間のためになります。時代を超えて受け継がれるものをつくれば、それを受け継いだ人々が、さらに広げてくれるのです。

この旅がどうか、幸運でありますように。仲間とともに素晴らしい世界をつくっていきましょう。

The Making of a Manager
by Julie Zhuo

This edition published by arrangement with Portfolio,
an imprint of Penguin Publishing Group,
a division of Penguin Random House LLC., through Tuttle-Mori Agency, Inc., Tokyo

編集協力―――(株)リリーフ・システムズ

フェイスブック流 最強の上司

2020年9月17日　第1刷発行

著　者―――ジュリー・ズオ
訳　者―――今井仁子
発行者―――鉄尾周一

発行所―――株式会社マガジンハウス
〒104-8003　東京都中央区銀座3-13-10
書籍編集部　☎03-3545-7030
受注センター　☎049-275-1811

印刷・製本所――株式会社リーブルテック
ブックデザイン――三森健太(JUNGLE)

ISBN978-4-8387-3122-0 C0034